나는 심플한 관계가 좋다

나는 심플한 관계가 좋다

초판 1쇄 발행 | 2019년 11월 11일
초판 3쇄 발행 | 2022년 10월 25일

지은이 | 한근태
펴낸이 | 박상두
편집 | 이현숙
디자인 | 정보환
제작 | 박홍준
마케팅 | 박현지

펴낸곳 | 두앤북
주소 | 04554 서울시 중구 충무로 7-1, 506호
등록 | 제2018-000033호
전화 | 02-2273-3660
팩스 | 02-6488-9898
이메일 | whatiwant100@naver.com

값 13,000원
ISBN 979-11-90255-03-5 03190

이 도서의 국립중앙도서관 출판예정도서목록(CIP)은 서지정보유통지원시스템 홈페이지(http://seoji.nl.go.kr)와
국가자료종합목록 구축시스템(http://kolis-net.nl.go.kr)에서 이용하실 수 있습니다.(CIP제어번호: CIP2019042777)

나는 심플한 관계가 좋다

한근태의 인간관계론

"내가 만나는 사람이 나를 만든다"

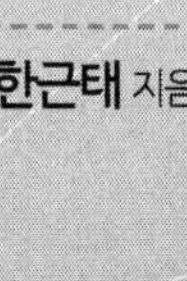

한근태 지음

두앤북

들어가며

인간관계를 가르쳐준 최고의 학교

어릴 적, 어머니가 나를 시골 외갓집에 몇 달간 맡긴 적이 있었다. 누나와 나를 한꺼번에 돌보기가 힘들어 취한 조치였다. 나는 혼자 노는 걸 좋아했다. 동네 아이들과 노는 대신 매일 집구석에 틀어박혀 지냈다. 밥을 먹을 때만 안채로 들어갔고, 나머지 시간은 사랑방에서 혼자 놀았다. 성냥갑을 이어 기차놀이도 하고, 실을 감는 실패에 고무줄을 연결해서 움직이게 만들고, 툇마루에 누워 하늘을 구경하고, 외양간에 있는 소의 큰 눈을 보며 얘기를 나누기도 했다. 그렇게 시간을 보내면서 심심하거나 외롭다는 생각은 해본 적이 없었다. 그런데 미혼의 작은 이모 눈에는 쓸쓸해 보였는지 하루에도 몇 번씩 밖에 나가서 놀라고 종용했다. 그러면서 이모가 붙여준 별명이 있다. '아낙군수'다. '집에서만 지내는 인물'이란 뜻이다. 혼자 있는 걸 좋아하는 성향은 고등학교 시절까지 계속되었고, 내성적이고 존재감 없는 조용한 10대를 보냈다.

지금의 나와는 전혀 다른 과거의 모습이다. 얼마나 다른지 어쩌다 옛 친구들을 만나면 알아보지 못할 정도다. 나는 현재의 일을 시작한 후로 수많은 사람들을 만났고, 지금도 그렇다. 사람들을 만나야 일을 할 수 있기 때문이다. 그래서 겉으로 보기엔 무지 외향적이고 사교적이지만, 내가 아는 나는 그런 사람이 아니다. 사람을 많이 만나는 만큼 여전히 혼자 있는 걸 좋아한다.

어린 시절 자발적 외톨이였던 내가 인간관계에 대한 책을 쓰게 되었다. 외갓집의 소가 알면 웃을지도 모른다. 모름지기 어떤 분야의 책을 쓰려면 일정한 경지에 올라야 하는 법인데, 나처럼 내성적이고 소심한 인물이 인간관계에 대해 무슨 할 말이 있을까? 그런데도 불구하고 책을 쓴 것은 다음과 같은 이유 때문이다.

첫째, 보편적 주제이기 때문이다. 인간은 관계 속에서 존재하는 사회적 동물이다. 관계를 잘 관리해야 사는 게 유리하고 편하다. 관계에 익숙지 못하면 삶이 고통스럽다. 가정에서도 그렇고 직장에서도 그렇다. 관계가 좋으면 그곳이 천당이지만 그렇지 않으면 그 자체가 지옥일 수 있다. 이 세상에 관계로부터 자유로울 수 있는 사람은 아무도 없다. 나 역시 마찬가지다.

둘째, 나의 성장 배경 때문이다. 친인척 중에 인간관계 때문에 고통을 겪는 사람이 많았다. 친가도 그렇고 외가도 그랬다. 친가의 여자들은 명절만 되면 부엌에서 남자들 흉보기에 바빴다. 오랜만에 만난 어머니와 큰어머니, 형수님은 한씨 성을 가진 남자들 뒷담화에 너도나도 열을 올렸다. 괜찮은 남자가 하나도 없다, 하나같이 이기적이고 능력도 없다는 등등의 험담을 했다. 외가도 그랬다. 딸 셋인 집의 둘째인 어머니와 두 이모님은 부부 사이가 별로였다. 아니 좋지 않았다. 당연히 그들의 대화 주제는 남편에 대한 불평이었다. 맞지 않는 남편 때문에 인생이 행복하지 않다는 것이었다.

나는 그런 어른들의 대화가 싫었다. 어린애도 아닌 어른들이 그깟 문제 하나 해결하지 못하고 이러쿵저러쿵하는 걸 이해할 수 없었다. 나는 속으로 그렇게 살지 않겠다, 적어도 가정에서만큼은 좋은 관계를 유지하리라 마음먹었다.

셋째, 중요하지만 힘들어하는 이들이 많기 때문이다. 학교에 있을 때만 해도 내게 인간관계는 그렇게 중요하지 않았다. 그 중요성을 크게 느끼지 못했다. 죽이 맞는 친구들과 만나 놀면 되었고, 맞지 않는 친구들은 멀리하면 그뿐이었다. 그렇게 지내는 데 별다른 어려움이 없었다. 그런데 직장은 달랐다. 특이한 사람도 있었고 나와 맞지 않는 사람도 많았다. 하지만 그들과 관계를 맺지 않고는 생활할 수 없었다. 그런 면에서 직장은 내게 인간관계를 가르쳐준 최고의 학교였다. 상사와 어떤 관계여야 하는지, 동료들과 어떻게 지내야 하는지, 그들의 행동에 어떻게 반응해야 하는지… 하나하나가 배움이고 수업이었다.

내게 인간관계의 중요성을 깨우쳐준 책이 있다. 데일 카네기의 《카네기 인간관계론》이다. 우연히 읽게 된 책인데, 큰 깨달음을 얻었다. 그중 대표적인 것이 '쓸데없이 논쟁하지 말라'는 것이다. 논쟁에서 이겨봤자 상대의 미움만 살 뿐 얻을 건 아무것도 없다. 나는 오랫동안 이 말을 마음에 새겨 실천했고 지금도 그렇게 하고 있는데, 매우 효과적이다. 나는 아내와 논쟁한 적이 거의 없다. 자식들하고도 그렇다. 그 덕분에 제법 괜찮은 가정을 만들었다. 아내는 물론 자식들과 사이가 좋다. 친구처럼 지내는 딸들은 결혼 후에도 다람쥐 풀 방구리 드나들 듯 친정에 온다. 사위들과도 괜찮은 관계를 유지하고 있다.

내가 책을 쓰는 이유 중 하나는 배우기 위해서다. 이 책도 그렇다. 인간관계에 대해 배우고 나만의 생각을 정리하고 싶었다. 내가 책을 쓰는 또 다른 이유는 스스로를 구속하려는 것이다. 《몸이 먼저다》라는 책을 쓴 내가 운동을 안 할 수 없는 것처럼, 인간관계에 관한 책을 쓴 나는 사람을 함부로 대할 수 없을 것이다.

이 책은 인간관계에 관한 책이지만 어떤 면에서는 고해성사에 가깝다. 내가 이만큼 잘한다는 얘기가 아니라 앞으로 이렇게 하고 싶다는 결심에 가깝다. 나의 고해성사가 당신의 인간관계에 조금이라도 도움이 되길 바란다.

한근태

차례

4 관계를 망치는 것들

5 더불어 성장하는 관계는 어떻게 가능한가

6 가장 좋을 수 있는, 가장 어려울 수 있는

1

좋은 관계란 무엇인가

인간은 주변과의 관계가 나빠지면

세쿼이아나무처럼 서서히 죽어갈 수 있다

인간관계에 대한 최고의 답

사람은 홀로 존재할 수 없다. 사람과의 사이에서 존재한다. 그런 면에서 내 주변 사람이 곧 나일 수 있다. 그 사람과 관계 맺는 사람을 보면 그 사람이 어떤 사람인지 알 수 있다. 관계 맺는 사람이 내게 영향을 주고, 나 또한 그에게 영향을 준다. 인간은 관계를 통해 성장할 수도 있고, 망가질 수도 있다.

그렇다면 관계란 무엇인가? 어떻게 정의할 수 있는가? 관계란 영어로 relation(릴레이션)이다. 어원은 re latum이란 라틴어다. 서로 참조한다는 의미를 갖고 있다. 서로가 서로에게 영향을 주고받을 수 있는 것이 관계란 것이다. 한자로 관계(關係)는 열쇠 관(關)에 이을 계(係)다. 열쇠로 잠그면 관계가 닫히고 열쇠로 열면 관계도 열린다는 의미다. 관계를 열쇠에 비유한 것이 절묘하다. 관계를 닫는 것도 여는 것도 열쇠를 가진 나에게 있다는 뜻이다. 계는 부모 자식처럼 피로 이어진 관계를 뜻한다. 피로 이어진 관계는 선택의 여지 없이 주어지는 부모와 자식, 형제와 같은 관계다. 나머지 관계는 후천적으로 맺어진다. 부부가 그렇고 친구, 동료, 이웃도 그렇다.

그럼 좋은 관계란 무엇일까? 서로를 좋은 사람으로 만들어주는 관계, 서로에게 긍정적 자극을 주는 관계, 서로를 발전시키는 관계, 서로의 강점을 빛나게 하고 약점을 보완해주는 관계, 내가 필요한 것을 그가 채워주고 그의 부족한 점을 내가 메워주는 관계, 내가 보지 못한 것을 보게 해주고 내가 깨닫지 못한 걸 깨닫게 해주는 관계가 좋은 관계 아닐까?

전 성공회대 석좌교수 신영복 선생의 《담론》이란 책에 이런 얘기가 있다. 결혼을 결심한 여인에게 이유를 물었더니 그녀가 이런 답을 했다.

"그 사람과 함께 살면 내가 더 좋은 사람이 될 수 있겠다는 확신이 들었기 때문이다."

인간관계가 어떠해야 하는가에 대한 최고의 답변이다. 나를 보다 좋은 사람으로 변화할 수 있도록 이끌어주는 관계야말로 최고의 관계다.

좋은 관계를 맺기 위해서는 어떻게 해야 할까? 일단 사귀어봐야 한다. 만나자마자 그냥 사귀는 것이 아니고 몇 번 만나보고 교제를 허락하는 것이다. 어느 정도 그 사람의 인품과 학식을 겪어본 뒤 본격적인 관계 맺기를 하는 것이다. 이를 '허교(許交)'라고 한다. 말 그대로 교제를 허락한다는 뜻이다.

미국의 요세미티국립공원에는 갑자기 쓰러져 죽은 거대한 세쿼이아나무가 있다. 번개를 맞은 것도, 벌레가 먹은 것도, 해충에 피해를 입은 것도 아니다. 1606년부터 있던 73미터짜리(400년 이상 됨) 나무가 어떻게 갑자기 쓰러져 죽을 수 있을까? 바로 관계 때문이다. 세쿼이아나무는 무리를 지어 산다. 키가 큰 나무이지만 뿌리가 얕아서 서로가 서로의 뿌리를 감아서 그 거대한 몸을 지탱해야 한다. 하지만 쓰러진 세쿼이아나무는 삼림 개척으로 다른 세쿼이아나무들과 떨어져 혼자 있었다. 게다가 이 나무를 보기 위해 찾아온 수많은 관광객들이 나무 뿌리를 상하게 했다. 그러면서 나무는 서서히 죽어갔다.

인간도 마찬가지다. **주변과의 관계가 나빠지면 세쿼이아나무처럼 서서히 죽어갈 수 있다. 주변과 두터운 관계로 연결되어 있어야 한다. 인간은 관계로부터 사랑받고 보호받아야 한다. 그게 인간이다.**

아주 작은 일까지 알고 싶어

예전 대기업 임원 시절의 일이다. 부서장이 되긴 했지만 공식 발령이 나지 않아 2주 정도 어영부영 지냈다. 본격적으로 일하기는 어려웠지만 월급 받는 사람이 그냥 놀기는 어색했다. 그래서 직원들이나 만나보자는 생각으로 하루에 10명씩 면담을 실시했다. 별 생각 없이 한 명씩 불러 차를 대접하면서 의례적인 질문을 던지는 형태로 진행했다. 고향은 어딘지, 결혼은 했는지, 배우자는 무얼 하는 사람인지, 아이들은 몇 살인지, 부모님은 살아 계신지, 회사생활하면서 어려운 점은 없는지 등의 뻔한 질문이었다. 한번은 모 과장과 대화를 하다 배우자 관련 얘기가 나왔는데 그의 얼굴이 갑자기 어두워졌다. 잠시 머뭇거리던 그가 이런 말을 털어놓았다.

"사실 집사람과 사이가 좋지 않아 몇 달째 별거 중입니다. 그래서 5살 난 아들 때문에 조금 힘듭니다. 아침에 애 맡기고 저녁에 찾아오고, 집에 가서 밥 차려 먹이고, 살림하면서 회사 다니려니 보통 일이 아닙니다."

고생이 참 많겠다고 위로의 말을 던졌는데 마지막에 이런 다짐을 했다.

"사실 그동안 집안일 때문에 회사일에 소홀했는데 앞으로는 더 잘하겠습니다."

이런 일도 있었다. 부모님은 뭐 하시냐고 물었더니 이렇게 얘기한다.

"지난 몇 년간 저희 집은 줄초상이 났습니다. 아버지는 지붕을 고치시다 떨어져 돌아가시고, 어머님은 암으로 돌아가시고, 큰형은 교통사고로 죽고… 정말 집안이 몰락을 했습니다. 그러다 보니 세상이 미워져 술도 많이 마시고 생활이 엉망이 됐습니다."

어떻게 그런 일이 있을 수 있느냐, 정말 힘들었겠다고 공감하면서 얘기를 끝냈는데, 이 친구가 이런 고백을 한다.

"여태껏 회사생활하면서 업무 외적인 일로 임원 사무실에서 차를 마시면서 개인적인 얘기를 한 건 처음입니다. 잘 들어주셔서 정말 감사드립니다. 더 열심히 하겠습니다."

별 생각 없이 한 행동이었는데 예상 외로 직원들 반응은 폭발적이었다.

공식 발령이 있고 얼마 후 직원만족도 조사에서 우리 부서가 높은 점수를 받자 상사는 나를 불러 어떻게 된 일인지 자초지종을 물었다. 당황한 나는 이렇게 답변했다.

"글쎄요, 저도 이해할 수 없네요. 제가 그들에게 밥 한 번 산 적도 없는데…, 굳이 이유를 찾자면 그들을 불러 개인적인 어려움에 대해 물어보고 열심히 들어준 것 때문이 아닐까 생각합니다."

많은 회사들이 미션과 비전을 제시하며 직원들이 거기에 따라줄 것을 요구한다. 하지만 직원 개인에게는 별 관심이 없는 경우가 많다. 그들을 면담하면서 관심의 중요성을 깨달았다. 만약 부인과 별거 중인 사실을 모르고 모 과장에게 조금 늦었다고, 혹은 조금 일찍 간다고 야단을 쳤다면 어땠을까? 집안 어른들이 줄초상이 난 사실을 모르고 업무 성과의 부진만을 탓했다면 그 사람 기분이 어땠을까? 아찔하다.

인간은 영혼을 가진 존재다. 각자 나름의 수천 가지 사정을 갖고 있다. 물론 이를 다 알 수도 없고 해결해줄 수도 없다. 하지만 이들에게 관심을 갖고 질문하고 그들의 사정을 조금이라도 알고 있는 것과 아무것도 모르는 것은 큰 차이가 있다. 상사가 그들의 사정을 알고 있다는 사실만으로도 직원들은 일할 맛이 날 것이다.

내가 다른 사람에게 관심을 가지면 그 사람 역시 내게 관심을 가질 것이다. 관심의 법칙이다. 다른 사람들에게 순수한 관심을 기울이면 어디서나 환영받을 수 있다.

대인관계에서 관심은 필수 조건이다. 관심이 없으면 그 관계는 겉도는 관계로 남을 가능성이 높다.

근데 관심이란 무엇일까? 관심의 한자는 열쇠 관(關)에 마음 심(心)이다. 마음을 여는 열쇠란 뜻이다. 관심은 나 자신이다. 내가 보이는 관심이 내 행동을 좌우하고 거기에 돈과 시간을 쓰게 된다. 또한 관심은 계속 변하고, 그에 따라 나도 변한다.

요즘 당신의 최대 관심은 무엇인가? 누구에게 관심이 많은가? 어떤 이슈에 꽂혀 있는가? 관심 분야가 어떻게 변하고 있는가? 관심이 많을 때 어떤 행동을 보이는가?

관심은 제한된 자원이고 이 시대에 가장 희귀한 자원이기도 하다. 그래서 관심을 끄는 것이 큰 동기 요인이 된다. 공부를 열심히 하는 것도, 광고를 하는 것도, 전단지를 돌리고 현수막을 거는 것도 모두 관심을 끌기 위해서다. 내가 이 글을 쓰는 것 역시 다른 사람의 관심을 끌기 위한 것이다.

관심이 관계를 만든다. 관심이 있어야 관계로 발전할 수 있다. 남녀 간 사랑도 그렇다. 만나는 순간 관심이 가는 사람이 있다. 자연히 그 사람에 대해 많은 게 알고 싶어진다. 내가 좋아하는 변진섭의 '숙녀에게'란 노래가 이를 잘 말해준다.

어쩌면 처음 그땐 시간이 멈춘 듯이
미지의 나라 그곳에서 걸어온 것처럼
가을에 서둘러온 초겨울 새벽녘에
반가운 눈처럼 그대는 내게로 다가왔죠.
(중략)
나 그대 아주 작은 일까지 알고 싶지만
어쩐지 그댄 내게 말을 안 해요.
허면 그대 잠든 밤 꿈속으로 찾아가
살며시 얘기 듣고 올래요.

나는 그중에서 '나 그대 아주 작은 일까지 알고 싶지만'이란 대목을 특히 좋아한다. 관심을 가지면 알고 싶어진다는 것이다.

얼굴을 안다고 그 사람을 아는 건 아니다. 매일 같은 부서에서 얼굴을 본다고 그 직원을 이해하는 것도 아니다. 매일 보기 때문에 오히려 알려고 하지 않는 경우도 있다. 상대를 하나의 인격체로 보기보다 그가 내는 성과에만 관심을 가지기도 한다. 하지만 좋은 대인관계는 인간적 관심에서 출발한다. 관심은 공동체를 만들어가는 필수 조건이다. 관심을 가지면 알게 되고, 알면 사랑하게 된다. 사랑하면 이해하게 되고 그런 것들이 모여 자연스럽게 성과와 연결된다.

우리가 다른 사람에게 관심을 가져야 하는 이유는 그래야 그들도 내게 관심을 갖기 때문이다. 관심을 갖는 것은 최고의 사교 도구이자 최상의 조직을 만드는 최선의 방법이다. 내가 직원들에게 관심을 가질 때 직원들 역시 나와 고객에게 관심을 가진다. 관심은 모든 대인관계의 출발점이다.

근데 태생적으로 관심이 없는 사람들이 있다. 모든 사람을 소 닭 대하듯 보는 사람이 있다. 돈이나 물건에는 관심이 있지만 사람에게는 별 관심이 없다. 이런 사람들은 좋은 대인관계를 갖기 어렵다.

"사람에게 관심이 없는 사람은 어려움을 당하고, 다른 사람에게도 해를 끼친다. 인간의 모든 실패는 이런 유형의 인물에서 비롯된다."

오스트리아 심리학자 알프레드 아들러의 말이다.

최고의 사교 도구인 관심을 관계로 이어주는 '링킹핀(linking pin, 연결고리)'이 있다. 바로 질문이다.

질문을 한다는 것은 단순히 궁금한 것을 묻는다는 것 이상의 의미가 있다. '나는 당신에게 관심이 있다. 그러니 귀찮더라도 이것저것 좀 알려주었으면 좋겠다'는 의미가 숨어 있다. 관심을 갖게 되면 사소한 것까지 알고 싶지만 관심이 없으면 아무것도 궁금하지 않다.

관심이 없고 질문이 없는 사람에게 뭔가를 얘기하는 것만큼 허무한 일도 없다. 관계의 시작은 관심이고, 관심의 표현은 순수한 질문이다.

관계에도 수명이 있다

'불우(不遇)'란 말이 있다. 불우이웃, 불우한 삶을 얘기할 때의 불우다. 아닐 불(不)에 만날 우(遇)이니 만나지 못했다는 뜻이다. 기회를 만나지 못하고 때를 만나지 못해 불우한 삶을 살았다는 말이다. 근데 만나지 못하는 것도 불행한 일이지만, 만나지 말았어야 할 사람을 만나는 것 역시 불행의 씨앗이다.

대인관계 하면 보통 모든 사람과 좋은 관계를 맺는 걸로 생각한다. 나는 동의하지 않는다. 어떻게 그 많은 사람들과 모두 좋은 관계를 맺을 수 있는가? 인생은 제한적이다. 제한된 사람들과 제한된 관계를 맺을 수밖에 없다. 당연히 가려서 관계를 맺어야 한다. 쓸데없이 인연을 맺지 않아야 한다.

여기서 질문을 던진다.

예전엔 정말 친했는데 지금은 소식이 끊기거나 만나지 않는 사람이 있는가? 반대로 별 인연이 아닌 줄 알았는데 꾸준히 만남을 유지하는 사람이 있는가? 왜 그런 것 같은가? 좋은 관계를 만들기 위해 어떤 노력을 했는가?

관계는 늘 살아 움직인다. 예전에 친했어도 지금은 만나지 않는 인연도 있고, 별 인연이 아닌 것 같았는데 시간이 지나면서 발전하는 인연도 있다. 모든 것에는 유통기간이 있다. 관계도 마찬가지다. 아무리 좋았던 관계도 유지하려는 노력과 정성이 없으면 퇴색하게 마련이고, 별것 아니었던 관계도 끊임없이 뭔가를 주고받으면 좋은 관계로 발전한다. 그런 면에서 관계는 철저히 현재진행형이다.

나는 자연스럽게 인연 맺는 걸 선호한다. 억지로 맺는 인연을 거부한다. 좋은 인연이면 크게 노력하지 않아도 계속 만나게 될 것이고, 인연이 아니면 내가 노력해도 만남이 이어지지 않을 걸로 생각하기 때문이다. 그래서 만나자마자 형님 혹은 언니라고 부르면서 급하게 친한 척하는 사람을 경계한다. 만났던 모든 사람, 새로 알게 된 사람과 인연을 유지하려는 노력도 하지 않는 편이다. 학교 동창이 대표적이다. 40년 전 얼굴도 이름도 가물가물하고 당시에도 별로 친하지 않았던 사람과 만나서 무얼 어떻게 할 것인지 아이디어가 없다. 그렇게 시간이 많지도 않다. 나는 오히려 대인관계를 심플하게 하고 싶다. 도의상, 의무적으로 만나는 것도 거부한다. 만나고 싶은 사람만 만나도 시간이 부족할 판에 뭐 때문에 만나기 싫은 사람까지 만나 시간을 낭비하는가.

그런 면에서 임경선의 책 《자유로울 것》에 나오는 다음 대목이 마음에 와닿는다.

“의리상, 도리상 시간을 내서 만나는 것은 싫다. 의리나 도리란 건 대개 하고 싶지는 않지만 해야 할 때 쓰는 말 아닐까? 만나기는 싫지만 그 사람에게 만족을 주고, 명분을 살리기 위해 지어낸 거 아닐까? 인간관계에서 과거는 과거일 뿐이다. 과거 오랜 기간 우정과 추억을 나눴던 사람일지라도 현재 그 사람과 인연이 없다면 사실 무용지물이다.

관계는 현재진행형이다. 늘 처음 만나는 사람처럼 정성을 다하는 사람만이 의미가 있다. 과거에 아무리 친했어도 현재 만나지 않고 인연을 이어가지 않는 사람은 과거의 사람으로 놔두는 것이 좋다. 책임감이나 죄책감을 느낄 필요는 없다. 어떤 면에서 과거의 인연은 과거의 인연으로 놔두는 것이 서로를 위해 좋을지도 모른다. 자칫하면 소중한 추억이 손상될 수도 있다.”

또 다른 대목도 깨달음을 준다.

“나는 유명해지고 싶지 않다. 개인의 프라이버시와 자유는 지키되, 내가 쓴 책들만은 독자들에게 널리 사랑받는 것, 참 욕심도 야무지다. 유명해지면 인간관계가 달라진다. 평소 아는 사람은 달라지지 않는다. 달라지는 사람들은 그냥 알고 지내던 지인들이다. 유명해진 다음 그리 유명하지 않았을 때 그냥 알던 사람들이 하나 둘 연락을 해오는 것이다. 개중에는 특별한 이유 없이 한번 만나자는 사람이 있다. 인간관계는 늘 자연스럽게 현재에 주안점을 두어야 할 텐데 과거에 알고 지내다가 그 수명이 다해 자연 소멸해버린 관계를 굳이 애써서 다시 살려내려고 한다. 이제 와 만나봐야 할 얘기도, 공통의 화제도, 용건도 없으니 정중히 거절한다.”

인간관계에도 유통기간이 있다. 유통기간이 끝난 관계를 굳이 되살리려고 노력하는 것보다는 새로운 관계를 만들어가는 것이 나을지도 모른다.

법정 스님도 비슷한 말을 했다.

"만나는 모든 사람들과 헤프게 인연을 맺는 것은 가능하지도 않고 쓸데없는 낭비다. 너무 헤퍼서는 안 된다. 잘못 인연을 맺으면 이로 인해 삶이 힘들어진다. 모든 사람과 인연을 맺는 것은 불필요하고 소모적인 일이다. 진실은 진실된 사람에게만 투자해야 한다. 그래야 좋은 일로 결실을 맺을 수 있다. 아무에게나 진실을 투자하는 것은 위험하다. 상대에게 내가 쥔 패를 보여주는 것과 같다. 대부분의 피해는 진실 없는 사람에게 진실을 쏟아부은 결과다."

당신의 관계는 어떤가? 관계는 어떠해야 하는가? 정답은 없지만 나는 열린 마음을 선호한다. 관계에서도 적절한 포트폴리오를 갖고 싶다. 과거완료형, 과거에서 시작해 현재까지 이어지는 현재진행형, 지금 시작했지만 미래까지 갈 미래진행형, 아직 만나지는 못했지만 미래에 만나 인연을 맺게 될 미래불확실형 등등. 나는 그중에서 미래에 누구를 만나 어떤 인연을 맺게 될지가 제일 궁금하다.

애인은 결국 동포가 된다

예전 초등학교 시절 친했던 친구들을 수십 년 만에 만난 적이 있다. 중학교에 들어가면서 만나지 못하다가 거의 50년 만에 만난 것이다. 무척 반가웠다. 하지만 얘기를 나누면서 많은 벽을 느꼈다. 그들도 나에 대해 비슷한 감정을 느꼈을 것이다. 완전히 다른 교육을 받았고, 직업도 다르고, 모든 것이 너무 달랐다. 자랄 때 같은 학교를 다녔고 그들과 공통된 추억이 있다는 것 외엔 아무런 공통점을 찾을 수 없었다.

그들은 여전히 따뜻하고 좋은 친구들이었다. 어릴 때의 모습이 화석처럼 남아 있었다. 근데 앞으로 그들을 만나기는 쉽지 않을 거란 생각이 들었다. 그들도 비슷한 생각을 했을 것이다. 왜 그럴까? 내 성격에 문제가 있는 것일까? 아니면 그들이 변한 것일까? 우리들이 너무 달라진 것일까?

사람은 끊임없이 변한다. 나도 변하고 너도 변하고 세상도 변한다. 당연히 나와 너의 관계도 변한다. 그런 면에서 계속해서 좋은 관계를 유지한다는 건 생각보다 힘든 일이다. 만약 그런 관계를 유지하는 친구가 몇 명이라도 있으면 그 자체로 대단한 사람이다.

관계는 끊임없이 변하는데도 많은 사람들이 그 사실을 인지하지 못한다. 당연히 관계에 어려움이 생긴다. 그중 하나가 부모와 자식의 관계다.

기업 강연 중 일어난 일이다. 요즘 어떤 이슈로 고민을 하느냐는 질문에 어떤 여성이 손을 들고 얘기를 시작했다.

"제 아들이 5학년입니다. 사춘기가 와서 그런지 사사건건 시비를 걸고 제 말을 듣지 않아요. 자기주장이 너무 강해서 늘 아들과 충돌합니다. 어떻게 하면 제 말을 잘 듣게 할 수 있나요?"

나는 그 얘기를 듣고 거꾸로 질문을 던졌다.

"자기 의견은 없고 늘 엄마 말에 순종하는 아들을 원하시나요?"

질문을 받자 당황한 기색이 역력하다.

"그건 아닙니다. 당연히 자기 생각이 있고 주장도 있어야지요. 하지만 정도가 심해요."

나는 계속 질문을 던졌다.

"아들이 그렇게 자기주장을 펼 때 어떻게 대응을 하셨습니까?"

제대로 답변을 하지 못한다. 아마 이유 같은 건 물어보지도 않고 무조건 안 된다, 내 말대로 하라고 했을 가능성이 높다. 나는 이렇게 마무리를 했다.

"사람은 계속 변하고 성장합니다. 누워만 있던 애가 움직이고 말을 하고 걸어 다니기 시작합니다. 글을 읽고 친구를 사귀면서 자기 생각을 얘기하기 시작합니다. 당연한 일이지요. 근데 많은 부모들이 이를 불편해합니다. 당신이 원하는 아이는 어떤 아이인가요? 아무 생각 없이 부모가 하는 말에 순종하는 아이를 원하나요? 아니면 자기 의견을 내세우고 때로는 엄마 말에 대꾸하는 아이를 원하나요?"

미운 다섯 살이란 얘기를 많이 한다. 왜 미운 다섯 살일까? 자기주장이 생기면서 부모 뜻보다는 자기 뜻대로 하는 게 보기 싫어 붙여진 이름 아닐까?

흔히 부모가 결혼한 아들에게 변했다는 말을 많이 한다. "너 결혼하더니 사람이 변했어. 부모는 안중에도 없고 자기 마누라만 챙겨. 마누라 말이라면 꼼짝도 못하고. 이래도 되는 거야?"라는 식으로 말한다. 나는 이런 광경을 볼 때마다 의구심이 생긴다. 사람이 변하는 건 당연한 일 아닌가? 사람이 변하지 않으면 그게 더 이상한 거 아닌가? 생각해보라. 만약 결혼 후에도 결혼 전과 똑같다면 어떤 일이 벌어질까? 아내보다 자기 어머니, 자기 친족만 챙긴다면 그 가정이 어떻게 되겠는가?

부부 사이도 계속 변한다. 처음엔 뜨거운 애인, 다음엔 부부, 그다음엔 남매와 자매를 거쳐 마침내 동포가 된다는 농담도 있지 않은가.

유연(有緣)이 좋을까, 무연(無緣)이 좋을까?

혼자 살 것인가 결혼할 것인가, 결혼하면 애를 낳을 것인가 아니면 낳지 않을 것인가, 만약 낳는다면 하나만 낳을 것인가 더 낳을 것인가? 살면서 누구나 겪는 선택지다. 쉬워 보이지만 쉽지 않다. 결혼하고 싶지만 마땅한 사람이 없는 경우도 있고, 결혼하기 싫은데 주변에서 종용할 수도 있다. 애를 갖기 싫은데 애가 생기기도 하고, 애를 너무 갖고 싶은데 안 생기는 경우도 있다. 시작은 결혼이다. 결혼이 당연한 것으로 간주되던 시대에는 맘이 편했다. 고민할 필요가 없었다. 요즘은 아니다. 옵션 중 하나일 뿐이다. 근데 결혼을 할 것인가, 말 것인가의 기준점은 무엇일까?

결혼 여부의 기준은 홀가분한 외로움과 복잡한 관계 중 하나를 선택하는 것이다. 혼자 살면 세상 편하다. 걸릴 게 없다. 처가나 시댁 같은 새로운 가족과 관련한 일에서 자유롭다. 명절 때도 편하다. 애가 없으니 애 때문에 신경 쓸 일도, 돈 들어갈 일도 없다. 자기가 벌어서 자기가 쓰면 된다. 잔소리 하는 사람도 없다. 일어나고 싶을 때 일어나고 자고 싶을 때 자면 된다. 집 안을 쓰레기통으로 해놔도 상관이 없다. 결혼을 하면 어떤가? 연관된 가족이 두 배로 늘어난다. 챙겨야 할 일도 비슷하게 많아진다. 애를 낳으면 몇 배로 일이 커진다. 정신도 없고 돈과 에너지도 엄청 들어간다. 뭐 하나 하려고 해도 걸리는 게 너무 많다.

그래서인지 점점 혼자 사는 사람이 늘고 있다. 느는 정도를 넘어 함께 사는 사람 숫자를 추월할 지경이다. 왜 이렇게 독신이 느는 걸까? 경제적 이유가 크다. 여성들의 경제적 능력이 커졌기 때문이다. 돈이 있으니 꼭 결혼해야 할 이유가 준 것이다. 무리하게 결혼해 제약을 받는 것보다 자유로운 독신을 택하는 것이다.

결혼은 본래 경제적 의미가 컸다. 경제생활에 유리한 쪽으로 결혼제도는 변해왔다. 농경사회에서는 결혼해서 애를 많이 낳는 것이 유리했다. 노동력이 곧 돈이 되기 때문이다. 지금은 혼자 살아도 상관이 없다. 아니 혼자 사는 게 경제적으로 유리하다. 일본 사람들은 이를 '유연(有緣)사회'와 '무연(無緣)사회'로 구분해 부르기도 한다. 결혼 등으로 얽히고설킨 사회를 유연사회, 연고 없이 혼자 알아서 사는 사회를 무연사회라고 한다.

당신은 어떤 사회를 원하는가? 무연사회를 원하는가, 아니면 예전 같은 유연사회를 원하는가? 많은 사람들이 때로는 무연, 때로는 유연을 원한다. 각자 알아서 독립적으로 살지만 때에 따라서는 끈끈한 관계를 맺고 싶어 한다. 밀접한 관계와 동시에 자유로운 삶을 원하는 것이다. 따로 또 같이인 사회다. 나도 그렇다.

사람들은 복잡한 관계를 괴로워한다. 그래서 떠난다. 도시로의 이동은 직업을 찾기 위한 이동인 동시에 관계로부터의 도피다. 별 생각 없이 고향을 떠난 사람들도 무연의 즐거움을 맛본 후에는 고향에 가려 하지 않는다. 살아보니 너무 편한 것이다. 좁은 고향에서는 주변 사람들의 시선으로부터 자유로울 수가 없어 행동하는 데 제약이 많았지만 큰 도시는 익명성이 보장되어 자유롭고 편하다. 그렇지만 사람은 혼자 힘으로 살기가 불가능하다. 그래서 과도하지 않은 적절한 유연사회에 소속되고 싶어 한다.

독신이 대세가 되면서 여러 생각이 든다. 사람은 사회적 동물이라는 당연한 명제에 의문을 제기하게 된다. 사람이 과연 사회적 동물일까? 혼자서는 살 수 없을까? 사회적 동물인 동시에 혼자 있고 싶어 하는 동물이 아닐까 생각한다. 같이 있는 시간 못지않게 혼자만의 시간이 필요한 존재란 생각이다.

내가 대기업에서 직장생활을 힘들어했던 이유 중 하나는 나만의 시간이 부족했기 때문이다. 혼자 있고 싶은데 계속 다른 사람들과 있을 수밖에 없는 환경이 힘들었다. 애기 엄마들의 소원이 뭔지 아는가? 하루라도 애와 떨어져 혼자만의 시간을 갖고 싶다는 것이다. 이게 인간이다. 나 또한 그러하다.

인간은 풍성한 관계 속에서 기쁨을 느끼지만 너무 복잡하고 끈끈한 관계 때문에 힘들어하기도 한다. 관계에 치인다는 말이 그 말이다. 당신은 관계 덕분에 좋은가, 관계 때문에 힘든가?

우리가 관계를 맺는 진짜 이유

20년 이상 안경을 쓰다 라식 수술을 한 지인이 있다. 마치 자신의 신체와도 같았던 안경을 벗고 세상을 본다는 사실에 그는 감동했다. 근데 사람들은 그의 얼굴에서 안경이 사라졌다는 사실을 알아보지 못했다. 심지어 "네가 안경을 썼었냐?"라고 되묻는 사람까지 있었다. 그 일을 겪은 후 그는 '사람들은 내게 별 관심이 없다'는 당연한 사실을 알게 되었다고 했다. 사람들은 다른 사람에게 별 관심이 없다. 오로지 자신에게만 관심이 있을 뿐이다.

그런데도 우리는 다른 사람의 시선에 묶여 하루하루를 살아간다. 자기 생각보다는 다른 사람의 평가에 좌지우지된다. 싫어도 다른 사람을 의식해 결정하고 행동한다. 그런 인생은 자신의 인생이 아니라 다른 사람의 인생을 대신 사는 것이다.

자신의 인생을 살고 있는 사람과 그렇지 못한 사람의 차이는 뭘까? 이와 관련하여 《미움받을 용기》(기시미 이치로 외)는 인생과 관계에 대한 통찰을 제공한다.

인생의 과제는 자립하고 사회와 조화를 이루며 살아가는 것이다. 사회적 존재로 살려면 인간관계를 벗어날 수 없다. 그게 인생의 과제다. 일도 그렇다. 일하고 싶지 않은 것도 따지고 보면 노동을 거부하는 것이 아니라 일과 얽힌 인간관계를 피하고 싶은 것이다. 일을 통해 다른 사람의 비판과 질타를 받는 것, 무능의 낙인이 찍히는 것, 나의 존엄에 상처가 나는 것이 싫은 것이다.

벗어날 수 없는 관계의 그물망에서 조화롭게 살기 위해서는 내가 먼저 변해야 한다. 그러면 주변도 달라진다. 어떤 변화가 필요할까?

과제를 분리하는 것이다. 나의 과제와 그 사람의 과제가 뭔지를 생각하고 이를 분리하면 대인관계가 달라지고 편해진다. 트러블의 대부분은 타인의 과제에 함부로 침범하기 때문에 일어난다.

세상에서 쉬울 것 같지만 가장 어려운 가족관계를 보자. 가족관계는 한번 망가지면 회복하기 어렵다. 왜 그럴까? 대부분 과제 분리가 안 되기 때문이다. 아이의 공부 문제만 봐도 그렇다. 공부는 누구의 과제일까? 당연히 아이의 과제다. 공부하라고 잔소리하는 것은 아이의 과제에 끼어드는 행위다. 아무리 자식이라도 그래서는 안 된다.

가족관계 회복을 위해서는 의식적으로 과제를 분리해야 한다. 자녀의 진학, 군대, 심지어 결혼 문제까지 깊숙이 관여하는 부모가 있다. 당연히 사사건건 갈등을 빚는다. 자녀의 과제에 부모가 의견을 낼 수는 있지만 최종 결정은 자식이 해야 한다. 얼마나 많은 부모들이 자녀를 사랑한다는 미명하에 자녀의 인생을 좌지우지하고 있는가?

부모의 과제는 자녀를 믿는 것이다. 어떻게 행동하고 어떤 선택을 할지는 자녀의 과제다. 관심과 간섭을 구별해야 한다. 그렇지 않고 자신들의 희망과 욕심만을 강요한다면 심각한 상처만 남게 될 것이다. 직장생활을 포함한 다른 영역에서도 마찬가지다. **타인의 과제에 개입하거나 과제를 떠안으려 하면 인생이 힘들어진다. 나와 타인의 과제가 어디까지인지 경계선을 정하는 것이 필요하다. 그것이 인생의 짐을 덜고 인생을 단순하게 만드는 첫걸음이다.**

그렇다면 누구의 과제인지를 어떻게 구분할 수 있을까? 선택의 최종 결과를 누가 받아들이는지, 누가 결과에 대한 책임을 지는지를 생각하면 된다. 공부하지 않은 결과를 누가 감당할 것인가? 결혼생활은 누구의 몫인가? 말을 물가로 데려갈 수는 있을지언정 물을 마시게 할 수는 없다. 과제를 구분하여 타인의 과제는 그에게 맡겨야 한다. 이것만으로도 대인관계가 훨씬 편해질 것이다.

인정받는 것에 대해서도 다르게 생각해볼 필요가 있다. 대부분의 사람들은 인정에 목숨을 건다. 왜 그럴까? 인정을 받으면 기분이 좋아지기 때문이다. 자신이 가치 있는 사람이 된 것 같아 자신감이 생기고 열등감이 사라진다. 하지만 인정에 목숨을 걸어서는 위험하다. 자칫하면 인정의 덫에 걸리기 쉽다. 사무실에서 쓰레기를 치웠다고 가정해보라. 동료들은 전혀 눈치채지 못한다. 고마워하지도 않는다. 인사 한마디 건네는 사람이 없다. 그래도 계속 쓰레기를 치우겠는가? 아마 치우지 않을 것이다. 인정 욕구의 위험이 여기에 있다. 오래가지 못하고 도리어 역작용이 일어난다. 금방 지치거나 원망이 생기고 분노하기도 한다. 그것은 어릴 때부터 '적절한 행동을 하면 칭찬받고 그렇지 못하면 야단맞는다'는 상벌교육의 영향 때문이다. 여기서 빠져나와야 한다.

인정이나 칭찬 자체가 나쁜 것은 아니다. 문제는 거기에 목숨을 거는 것이다. 그것은 타인을 위한 삶이지 결코 내가 만족하는 삶이 아니다. 타인은 나를 위해 살지 않는다. 그럴 수도 없을뿐더러 그래서도 안 된다.

적면공포증에 걸린 여학생이 있다. 좋아하는 남자 앞에서 얼굴이 붉어진다. 왜 그런 일이 일어날까? 그런 병이 필요하기 때문이다. 상대를 지나치게 의식하여 그의 반응에 적당히 둘러댈 변명거리가 있어야 하기 때문이다. 여학생이 가장 두려워하는 것은 남자에게 거절당하는 것이다. 그럴 때 적면공포증은 좋은 보호막이 되어준다. "그 남자를 못 만나는 것은 적면공포증 때문이야"라고 스스로를 위로할 수 있다. 고백할 용기를 내지 않아도 되고, 설령 차인다 해도 스스로를 합리화할 수 있다. 적면공포증만 나으면 할 수 있다는 가능성 속에서만 살고 싶은 것이다. 결정적 순간에 감기에 유난히 잘 걸리는 사람도 비슷하다. 감기에 걸리면 모든 것이 용서되기 때문이다. 감기 핑계를 대지만 사실은 감기에 의존해 살아가는 것이다. 맘에 들지 않는 회사와 상사도 그렇다. 맘에 들지 않지만 회사를 그만두지 못한다. 그게 필요하기 때문이다. 그래야 모든 불만을 회사와 상사 탓으로 돌릴 수 있다. 그게 없어지면 인생 자체가 피곤해진다. 또 다른 핑곗거리를 찾아야 하기 때문이다.

누군가로부터 거절을 당하거나 미움을 받으면서 살고 싶은 사람은 없다. 근데 모든 사람에게 사랑받을 수는 없다. 어차피 미워할 사람은 나를 미워하고, 사랑할 사람은 사랑한다. 내 인생은 나의 것일 수밖에 없다. 그럼에도 미움을 받고 싶지 않다면 방법은 있다. 언제나 타인의 안색을 살피고 그들에게 인정받기 위해 노력하면 된다. 포퓰리즘에 빠진 정치가처럼 책임지지도 못할 일을 할 수 있다고 약속하면 된다.

자유란 무얼까? 욕망이나 충동에 이끌려 사는 것일까? 아니면 비탈길을 굴러 내려가는 돌멩이처럼 사는 것일까? 아니다. 자유는 굴러 내려가는 자신을 아래에서 밀어 올려주는 태도에서 나온다. 돌멩이는 힘이 없지만 사람은 돌멩이가 아니다. 경향성에 저항할 수 있는 존재다. 굴러 떨어지는 자신을 멈추고 비탈길을 올라갈 수 있는 힘을 지니고 있다. 그런 힘과 용기를 내지 않고 다른 사람의 인정을 바라고 계속 비탈길을 굴러가는 삶은 노예의 삶과 같다. 욕망과 충동에 저항할 수 있고 타인에게 미움받는 것을 두려워하지 않는다면 그건 자유롭게 살고 있다는 증거다. 자유에는 대가가 따른다. 자유를 얻으려면 타인에게 미움을 살 수밖에 없다. 모든 사람에게 미움을 받지 않는다는 건 부자연스러운 동시에 불가능한 일이다. 행복해지려면 미움받을 용기가 필요하다.

그렇다면 인간관계의 목표는 무엇일까? 공동체 감각(social interest)이다. 타인을 친구로 여기고 내가 있을 곳은 여기라고 느끼는 것이다. 사회의 최소

단위인 너와 나를 기준점으로 삼아 자신에 대한 집착(self interest)을 타인에 대한 관심으로 바꾸는 것이다. 잘 보이려고 타인의 시선에 신경을 쓰는 것도 따지고 보면 자신에 대한 집착이다. 집착을 버려야 타인에 대한 진정한 관심과 이해에 도달할 수 있다.

공동체 감각을 기르기 위해서는 자기 수용, 타자 신뢰, 타자 공헌이 필요하다. '나는 강하다, 나는 할 수 있다'는 자기 긍정은 그럴듯하지만 자칫 자신을 속이는 행위가 될 수 있다. 자기 수용은 하지 못하는 나를 있는 그대로 받아들이고 할 수 있을 때까지 나아가는 것을 뜻한다. 자신을 속이지 않고 부족한 자신을 있는 그대로 보는 것이다. 긍정적 포기다. 과제 분리와 마찬가지로 변할 수 있는 것과 변할 수 없는 것을 구분하는 것이다. 불가능한 것을 받아들이는 것이 자기 수용이다.

다음은 타자 신뢰다. 신뢰의 반대는 회의다. 남을 의심하고 친구를 믿지 못하는 것이다. 의심의 눈으로 상대를 보면 상대는 바로 느낀다. 발전적 관계가 만들어지지 않는다. 배신할지 안 할지를 결정하는 것은 내가 아닌 타인의 과제다. 그저 내가 어떻게 할 것인가만 생각하면 된다. 신뢰하지 못하면 누구와도 깊은 관계를 맺을 수 없다. 타자 신뢰를 통해 더 깊은 관계 속으로 들어갈 용기를 가질 때 인간관계의 즐거움이 늘어나고 기쁨이 커진다.

마지막은 타자 공헌이다. 공헌은 내가 남을 위해 무언가를 해주는 것을 의미한다. 무언가에 공헌하고 있다고 생각하면 현실이 다르게 보인다. 남들이 인정하든 안 하든 상관없다. 인간은 누군가에게 도움이 된다고 느낄 때 자기 가치를 실감한다.

인생은 찰나의 연속이다. 우리는 지금 여기를 살아갈 수밖에 없다. 춤을 추는 지금 여기에 충실하면 그걸로 충분하다. 등산의 목적은 빨리 산에 오르는 것이 아니다. 헬기를 타면 5분 만에 오를 수 있다.

지금 여기에 강력한 스포트라이트를 비추면 과거도 미래도 아니고 현재만 보인다. 과거에 어떤 일이 있었건, 미래에 어떤 일이 벌어지건 상관없다. 나는 지금 이곳에서 열심히 즐기며 살 뿐이다. 인생 최대의 거짓말은 지금 여기를 살지 않는 것이다. 과거를 보고, 미래를 보고, 인생 전체에 흐릿한 빛을 비추면서 뭔가를 본 것 같은 착각에 빠져 있는 것이다.

당신은 지금 어떤 삶을 살고 있는가?

2

모든 관계는 '나'로부터 시작된다

대인관계에서 가장 중요한 건 스스로에 대한 평가다.
스스로를 어떻게 생각하느냐가 가장 중요하다.
내게 없는 것을 남에게 줄 수는 없기 때문이다.

'나'와의 관계부터 회복하라

"요즘 얼굴 좋아지셨습니다"라고 말하면 "그럼, 언제는 나빴다는 말입니까?"라고 삐딱하게 대답하는 사람이 있다. 왜 그럴까? 자신과의 사이가 나쁘기 때문이다. 자신에 대해 부정적인 생각을 하고 있기 때문에 남들이 하는 칭찬을 순수하게 받아들이지 못한다. "남편 복 없는 년이 자식 복이 있겠어?"라고 말하는 아주머니도 비슷하다. 신세를 한탄하며 세상을, 사람들을 원망한다. 그런다고 나아지는 건 없다. 그런 말을 듣는 자식들은 속으로 이런 생각을 할 것이다. '맞아, 우리 엄마는 복이 없는 사람이야. 내가 그것을 증명해야지'라고. 이런 사람들과 같이 지내는 것은 피곤한 일이다. 무슨 말을 할 때마다 상대의 반응을 살펴야 하고 어떤 말을 해야 할지 고민하고 따져봐야 하니 얼마나 힘들겠는가.

대인관계 하면 사람들은 대부분 다른 사람과의 관계를 생각한다. 물론 그렇지만 전제가 있다. 바로 자신과의 관계를 회복하는 것이다. **대인관계에서 가장 중요한 건 스스로에 대한 평가다. 스스로를 어떻게 생각하느냐가 가장 중요하다. 내게 없는 것을 남에게 줄 수는 없기 때문이다.**

우선 자기 삶에 만족해야 한다. 곳간에서 인심이 나는 법이다. 내가 즐거워야 남을 즐겁게 할 수 있고, 내가 행복해야 다른 사람에게 나눠줄 수 있다. 관계도 그렇다. 자신과의 관계가 나쁜 사람은 다른 사람과의 관계도 나쁠 수밖에 없다. 자신에 대해 만족하지 못하는 사람은 세상을, 다른 사람을 비슷한 눈으로 본다. 화를 자주 내는 사람도 사실은 자신감이 없기 때문이다. 남에게 화를 내는 것 같지만 실은 자신에게 화를 내는 것이다. 늘 남들 반응에 민감하고 혹시 나를 우습게 보는 것은 아닌가 하고 촉각을 곤두세운다. 그에 반해 자긍심이 있는 사람은 거의 화를 내지 않는다. 화를 낼 이유가 없다.

관계 중 가장 중요한 관계는 자신과의 관계다. 원만한 대인관계는 자신과의 관계를 회복하는 데서 출발한다. 그러기 위해서는 자기 자신을 중요하게 생각하고 자신이 하는 일에 자긍심을 가져야 한다. 어떻게 하면 좋을까?

아침마다 일어나 "나는 멋진 사람이다. 뭐든지 할 수 있다! 오늘도 좋은 일이 많이 일어날 것이다!"라고 외치는 것도 방법이다. 그런 주문을 걸면 실제로 그런 일이 일어난다. 힘과 에너지를 주는 책을 읽고 그런 사람과 친하게 지내는 것도 좋다. 〈사건 25시〉, 〈그것이 알고 싶다〉, 〈이제는 말할 수 있다〉 같은 방송 프로그램에서 나오는 부정적 사건 소식을 듣고 잠을 자는 대신,

하루를 잘 정리하고 웃으며 잠자리에 드는 것도 도움이 된다. 먹는 음식이 건강을 좌우하듯 접하는 사람과 뉴스가 그 사람의 정신을 지배하기 때문이다. 과거의 상처를 털어버리고 긍정적인 사고로 무장하는 것도 중요하다. 과거에 사로잡혀 현재를 허비하는 대신 "세상을 살면서 이 정도 상처 없는 사람이 어디 있겠는가"라며 훌훌 털어버리고 멋지게 새 출발을 해야 한다. 자신의 삶에 감사하는 것도 필요하다. 어려움을 겪는 사람들은 저마다 자기 상황이 최악이라고 생각한다. 하지만 그보다 더 큰 어려움을 겪는 사람들은 얼마든지 있다. 의심스럽다면 아동병원 응급실을 가보라. 암 병동을 방문해보라. 현재 당신의 고난이 작게 느껴지면서 감사할 일이 많아질 것이다.

개인적으로 개그우먼 이경실을 좋아한다. 텔레비전을 보다가 그녀의 얘기를 들었다.

해외에서 공부하던 그녀의 딸이 어느 날 징징대면서 전화를 했다. 힘들다 외롭다 하면서 어리광을 부렸다. 요지는 엄마가 그곳으로 와서 같이 살면 안 되겠느냐는 것이다. 이경실은 이렇게 말했다.

"나는 그럴 수 없다. 왜냐면 너보다 나 자신을 사랑하기 때문이다."

참으로 건강한 사람이다. 세상에서 가장 소중한 사람은 나 자신이다. 자신을 사랑하는 사람이 다른 사람도 사랑할 수 있다. 자신을 사랑하지 못하면 다른 사람을 사랑할 수 없다.

대인관계에서 어려움을 겪고 있는가? 그렇다면 가장 먼저 자신과의 관계를 돌아보라. 스스로를 어떻게 생각하는지를 돌아보라. 거기에 문제가 있으면 왜 그런지, 어떻게 문제를 해결할 수 있는가를 생각하라. 자신과의 문제를 방치하고 다른 사람과 좋은 관계를 갖기 위해 여기저기 분주하게 돌아다니는 사람들이 있다. 외롭다는 이유로 이 모임 저 모임 쫓아다닌다. 그럴수록 관계는 나빠지고 스스로에 대한 자부심만 떨어진다.

당신은 스스로를 어떻게 생각하는가? 자신을 진정으로 사랑하고 있는가? 그렇다면 중원에 나가 사람들을 사귀어도 된다.

계속 싸우면서 왜 헤어지지 못할까?

댓글에 유난히 민감한 연예인이 있다. 남의 눈을 지나치게 의식하는 사람도 있다. 사소한 것도 결정 내리지 못하는 사람도 있다. 모두 자존감과 관련 있는 이슈다. 그만큼 자존감은 우리 삶에서 중요하다. 《자존감 수업》이라는 책을 쓴 윤홍근 정신건강 전문가의 말을 들어보자.

자존감이란 '스스로 자신을 어떻게 평가하는가'를 말한다. 남이 아니라 내가 생각하는 나에 대한 생각이 바로 자존감이다. 글자 그대로 자신을 존중하는 마음이 바로 자존감이다.

자존감에는 세 가지 축이 있다. 자기 효능감, 자기 조절감, 자기 안전감이 그것이다. 자기 효능감은 스스로를 쓸모 있는 사람으로 생각하는 것이고, 자기 조절감은 자기 마음대로 하고 싶은 본능을 조절할 수 있는 능력이고, 자기 안전감은 스스로 안전하고 편안하게 느끼는 능력을 의미한다. 만약 스스로를 쓸모없는 사람으로 생각하거나, 자기 조절을 못하거나, 마음이 늘 불편하다면 자존감이 낮은 것이다.

자존감에 대한 오해와 편견이 있다. 그중 대표적인 것은 '부모님의 사랑을 덜 받아서 자존감이 낮다'는 것이다. 그렇지 않다. 자존감이 무조건 부모의 영향이라는 것은 큰 오해다. 설령 그렇다 해도 여기에 집착하면 자존감 회복은커녕 가족 간 불화만 커지기 십상이다. 또 '칭찬이 부족하면 자존감이 떨어진다', '자존감만 회복되면 행복해진다', '자존감이 강하면 나르시시스트가 된다'는 생각도 오해다. 잘못된 칭찬은 오히려 공허함만 키우고 칭찬에 대한 환상과 갈망만을 자극한다. 반면 자존감을 회복하면 나르시시스트가 아니라 오히려 자기 허물을 인정하고 받아들이는 사람이 될 수 있다.

자존감은 원만한 대인관계의 기초공사 같은 요소다. 자존감에 문제가 있는 사람은 십중팔구 사랑을 힘겨워하고 대인관계에서 어려움을 겪는다. '나는 사랑받을 수 없어'라고 생각하며 자기 가치를 부정한다. 상대에게 끊임없이 묻고 확인하다 보면 사랑이 집착으로 바뀐다. 계속 싸우지만 이별이 무서워 떠나지도 못한다. 이렇게 자존감이 낮고 늘 자기비하를 하는 사람과는 만남을 지속하기가 쉽지 않다. 칭찬을 하면 칭찬을 한다고 트집 잡고, 무관심하면 무관심하다고 불평하니 처신하기 힘들다. 만날 때마다 무슨 말을 해야 할지 고민하게 되고 그러면서 점차 거리를 두게 된다. 제대로 된 사랑을 위해서는 나 자신부터 사랑할 수 있어야 한다. 그래야 그 사람도 나를 사랑한다.

자존감이 낮으면 사소한 것도 잘 결정하지 못한다. 결정을 미루거나 남에게 결정을 맡기려고 한다. 자꾸 누군가에게 의존하게 된다. 사실 의존이 그 자체로 나쁜 것은 아니다. 건강한 의존은 문제가 되지 않는다. 뭔가 부족할 때 어떤 대상에게 의존하는 것은 당연한 일이다. 문제는 건강하지 못한 의존이다. 너무 많이 의존하는 것, 의존하지 말아야 할 사람에게 의존하는 것, 자신이 의존하고 있다는 사실조차도 의식하지 못하는 것이다.

자존감 회복을 위해서는 버려야 할 마음 습관이 있다. 쉽게 절망하는 습관이다. 어떤 사람들은 걸핏하면 "망했어!"라며 미리 좌절하고 절망한다. 이런 습관은 스트레스에 대한 면역력을 떨어뜨리고 점차 자신감을 잃게 한다. 무기력도 버려야 할 마음이다. **실패, 불합격, 무관심이나 냉소와 같은 부정적 보상을 경험하거나 체력이 방전되고 의욕을 잃으면 무기력에 빠지게 된다. 이럴 때는 원치 않아도, 재미없어도, 의미 없어도 일단 움직이는 것이 좋다. 생각 대신 몸을 움직여야 한다.** 예민함도 인간관계를 해치는 마음 습관 중 하나다. 예민함을 떨치려면 자신과 타인을 구분하는 연습을 해야 한다. 나의 과제와 그의 과제를 구분하고 그의 감정은 그에게 맡겨두어야 한다.

자존감을 끌어올리려면 무엇을 해야 할까? 첫째, 스스로 사랑해야 한다. 다소 부족해도 자신을 무조건 사랑하기로 결심해야 한다. 단점 대신 장점을 보고 불완전한 나 자신을 있는 그대로 사랑해야 한다. 자신을 다그치고 비난하는 대신 뭔가 문제가 있어도 "괜찮아, 지금 잘하고 있어", "난 최선을 다했어. 그걸로 충분해"라며 자신을 위로하고 다독일 수 있어야 한다. 둘째, 스스로 결정하고 그 결정에 대한 책임을 져야 한다. 결정을 한다는 것은 두려운 일이다. 거기에 대한 책임을 져야 하기 때문이다. 잘못될 수도 있다. 그럼에도 불구하고 스스로 결정할 수 있어야 한다. 그래야 뭔가 배울 수 있고 발전할 수 있다. 셋째, '지금, 여기'에 집중해야 한다. 지나간 문제나 앞으로 닥칠 문제를 생각하지 말고 지금 당장 할 일에 집중해야 한다. 세상에서 가장 소중한 것은 바로 지금 여기 이곳 이 순간이다. 끝으로, 패배주의를 뚫고 전진해야 한다. 자신은 잘 안 될 것이라는 생각 대신 모든 일이 잘 풀릴 것이라고 확신하면서 가는 것이다.

자존감을 회복하면 뇌가 건강해지고 뇌가 건강하면 자존감이 회복될 수 있다. 뇌를 행복하게 하는 방법이 있다. 걷기와 표정 짓기와 혼잣말 하기가 그것이다. 자신을 존중하는 사람처럼 걷고, 나를 사랑하는 표정을 지으며, 힘든 일을 겪을 때도 "괜찮아, 누구나 이런 일은 겪어"라고 혼잣말을 하는 것이다.

유난히 상처받았다는 말을 많이 하는 사람이 있다. 들어보면 별것도 아닌 일인데 왜 그 사람은 그렇게 쉽게 상처를 받을까? 바로 자존감이 낮기 때문이다. 늘 상처받을 만반의 준비를 하고 있기 때문이다. 나는 그런 사람들에게 운동을 권한다. 운동은 자존감을 높이는 가장 좋은 방법 중 하나다.

자신을 존중하는 사람이 남도 존중할 수 있고 그런 사람끼리 좋은 관계를 갖게 되는 건 당연하다. 당신의 자존감은 현재 어떤 상태인가?

좋은 사람을 사귀기 위해서는

부모들이 자식들에게 흔히 하는 말이 있다. '좋은 친구들과 사귀라'는 말이다. 나는 이 말을 들을 때마다 한 가지 의문점이 생긴다.

좋은 친구란 과연 어떤 친구일까? 어떻게 해야 좋은 친구들과 놀 수 있을까? 내가 좋은 사람이 아닌데 좋은 친구들이 나와 놀아줄까?

나는 오히려 이렇게 말해야 한다고 생각한다. '**네가 먼저 좋은 사람이 되어라. 그럼 좋은 친구들이 주변에 몰릴 것이다**'라고. 설사 나쁜 친구랑 어울려도 네 덕분에 그 친구도 좋은 사람이 될 것이라고 말할 수 있어야 한다. 그런 의미에서 좋은 사람은 베풀려고 노력하는 사람이다. 베풂은 물질적인 것만을 의미하지 않는다. 상대를 칭찬하고, 웃음을 주고, 성장의 기회를 제공하는 것도 베풂이다. 베푸는 사람이 선한 영향력을 발휘하여 관계를 발전적으로 이끌어간다. 반대로 무언가를 얻어가려고만 하는 사람은 좋은 사람이라고 할 수 없다. 관계가 지속되기 어렵다. 내가 먼저 베풀어야 한다.

대인관계의 출발점은 나 자신이다. 내가 어떤 사람이냐가 가장 중요하다. 거기서부터 모든 관계가 시작된다. 사람은 끼리끼리 모인다. 유유상종이다. 내가 엄청 고상하고 우아한데 상스러운 사람과 놀 수는 없다. 아무리 상대를 욕하고 비난해도 나랑 같이 어울린다는 건 그 사람과 내가 비슷한 사람이란 걸 의미한다. 그렇기 때문에 대인관계에서 뭔가 어려움을 겪을 때는 가장 먼저 내가 어떤 사람인지를 돌아봐야 한다. 대인관계는 늘 상대적이기 때문이다. 내가 먼저 좋은 사람이 되어야 한다.

끌리는 사람이 되고 싶은가?

만나는 순간 끌리는 사람이 있다. 느낌이 꽂히고 얘기를 나누고 싶은 충동이 일어난다. 반대로 보는 순간 기분이 확 상하고 보기만 해도 에너지가 다 운되는 그런 사람도 있다. 뭐라고 딱 꼬집어 얘기할 수는 없지만, 사람마다 그렇게 느낌이 다르다. 이렇듯 상대에 대한 느낌이 대인관계에 큰 영향을 미친다. 사업에서도 마찬가지다.

끌리는 사람이 되려면 어떻게 해야 할까? 이민규 아주대 심리학과 교수는 《끌리는 사람은 1%가 다르다》라는 책에서 끌리는 사람의 특징과 그렇게 되기 위해 필요한 조건을 이야기한다.

끌리는 사람이 되기 위해서는 밝고 웃는 표정을 가져야 한다. 어떤 사람은 얼굴에 '접근하면 발포한다'라고 써놓고 다닌다. 그런 사람에게는 아무도 다가가지 않는다. 행운도 왔다가 도망을 간다. 침울한 표정은 보는 사람도 지치게 한다. 환하게 웃는 표정은 보고만 있어도 기분이 고조되는데, 이를 '정서적 전염(emotional contagion)'이라고 한다. 세상에는 두 종류의 인간이 있다. 한 사람은 그 사람이 들어옴으로 방 안 분위기가 밝아지고 웃음과 활기가 넘치게 해준다. 또 한 사람은 그 사람이 나감으로 방 안이 환해지게 한다. 당신은 어디에 속하는가? 당신은 어떤 사람과 같이 일하고 싶은가? 웃음은 상대를 무장해제시킨다. 웃음은 당신이 좋아요, 만나서 반가워요라는 무언의 메시지를 던지는 것이다.

강사 중에 자신에게 도취되어 청중이 지루해하는 것을 무시한 채 시간 가는 줄 모르고 떠드는 사람이 있다. 정말 눈치가 없는 사람이다. 매력 있는 사람은 다른 사람의 욕구를 잘 읽고 거기에 공감하는 능력이 있다. 그가 어떤 감정 상태인지, 그에게 자신이 어떤 모습으로 비치는지를 알고 거기에 따라 자기 행동을 적절하게 조절할 수 있다. 눈치가 있는 사람이다. 눈치가 빠르다는 것은 비언어적인 단서를 포착해 상대의 내면 상태를 정확하게 파악하는 능력이다. 표정은 종족, 성별에 관계없이 많은 감정적 메시지를 전달한다. 시선 역시 그렇다. 응시 방향, 시간, 눈을 뜨는 정도에 따라 다양한 메시지를 전한다. 눈치가 빠르면 그 메시지를 읽고 절간에 가서도 새우젓을 얻어먹는 법이다.

끌리는 사람이 되려면 나부터 나를 사랑해야 한다. 자신을 사랑하지 않는 사람은 세상을 삐딱하게 보기 쉽다. 자신에게 불만이 많은 자기 연민의 주인공은 회피 대상 1호다. 계속 관심을 기울여야 하고 언제 어떤 반응이 나올지 몰라 에너지가 많이 소모된다. 무엇보다 같이 있으면 부정적 감정이 전염되어 힘이 빠진다. 피곤하고 우울해진다. 그렇다고 자기도취에 빠지라는 얘기는 아니다. 자기도취에 빠진 사람은 늘 자신을 드러내기 위해 애를 쓴다. 자신이 얼마나 대단하고 똑똑하고 많은 일을 했는지 나타내기 위해 많은 에너지를 사용한다. 당연히 거기에 걸맞은 찬사와 특별대우를 기대하기 때문에 쉽게 실망하고 분노한다. 또 다른 사람과 비교해 시기하고 비하한다.

자신을 사랑하면 과시할 필요성을 느끼지 못한다. 다른 사람의 평가에 연연하지도 않는다. 자기보다 뛰어난 사람을 만나도 자신의 무능함과 연결시키지 않는다. 시기심을 느끼지 않기 때문에 칭찬에 인색하지도 않고 혼자서도 불안해하지 않는다. 혼자 잘 지내는 사람이 다른 사람들과도 잘 지낸다. 자기애란 그런 것이다.

사람을 움직이는 1:2:3 법칙이 있다. 1분 동안 말을 했다면, 2분 동안 귀를 기울이고, 2분 동안 최소 3번은 맞장구를 치는 것이다. 이처럼 사람을 움직이는 것은 입이 아니라 귀다. 관계의 문제는 말을 못해서가 아니라 제대로 듣지 못해서 생기는 경우가 많다. 하지만 경청은 쉬운 일이 아니다. 우선, 많은 에너지와 집중력이 필요하다. 관심이 없는 주제는 더 그렇다. 사람들은 말 잘하는 사람보다 잘 들어주는 사람에게 매력을 느낀다. 경청은 단순히 듣는 것을 의미하지 않는다. 수동태가 아닌 적극적인 능동태다. 눈을 보고, 질문하고, 맞장구를 치며 호응해주는 것이 진정한 경청이다.

찔러도 피 한 방울 안 나올 것 같은 사람은 매력이 없다. 이런 사람 앞에서 사람들은 숨 막혀 한다. 위선적이고 인간미가 없다고 생각한다. **끌리는 사람이 되기 위해서는 허점이 있어야 한다. 허점이나 실수는 대인 매력을 증진시킨다. 그래서 멋진 사람이 빈틈을 보일 때 사람들은 열광한다.** 토크쇼에서 저명인사나 스타들이 자신의 실수담을 털어놓을 때 시청자들은 박수를 치며 좋아한다. 결점을 드러내면 그 사람이 진솔한 사람이라는 생각을 하게 된다. 당연히 경계심을 늦추고 마음의 문을 연다. 말도 그렇다. 너무 번지르르한 것보다는 약간 어눌한 듯 천천히 말하는 것이 오히려 유리하다.

연애에서도 만남을 이어가느냐 이별을 하느냐를 결정할 때 가장 중요한 요소 중 하나가 매력이다. 매력도를 높이고 이를 유지하는 것은 생존을 위해서도 필요한 일이다. 나는 사람들에게 매력이 있는지, 매력을 높이기 위해 어떤 노력을 해야 할지 자문할 필요가 있다.

가장 강력한 관계의 무기

나는 정치인을 별로 좋아하지 않는다. 늘 대접을 받으려 하고, 스포트라이트를 쫓아다니는 그들의 말을 믿기가 어렵기 때문이다. 솔직함이 결여된 것이 가장 큰 이유다. 그런데 얼마 전 만난 한 정치인은 좀 다른 것 같았다. 무슨 얘기 끝에 그가 이렇게 말했다.

"전 솔직히 다른 욕심은 없는데 명예욕이 강합니다. 어린 시절부터 그랬습니다. 제가 정치를 하는 이유도 바로 그런 명예욕 때문입니다. 저 좀 도와주세요."

그 순간 그가 진실한 사람일 수도 있겠다는 생각이 들었다. 자신에게 그런 욕구가 있다는 것을 그렇게 솔직하게 얘기하는 사람을 처음 봤기 때문이다. 그동안 내가 본 정치인들은 대부분 자신은 정말 정치에 뜻이 없고 국회의원을 할 생각이 없었는데 많은 사람들이 원해서 부끄럽지만 나왔다고 말했다. 정치인들은 무슨 일이 있을 때마다 국민을 위해서라고 하는데 정말 묻고 싶었다. 당신이 말하는 국민은 누구인가? 혹시 자신을 두고 국민이라고 하는 건 아닌가? 대부분은 자신의 욕구를 국민의 이름으로 포장한다. 나도 알고 너도 알고 하늘이 알고 땅이 아는 사실이다. 그러니 거부감이 드는 건 당연하다.

걸핏하면 신(神)을 파는 사람도 비슷하다. 무슨 일이 있을 때마다 '신의 뜻'이라고 말하는 사람이 있다. 그렇기 때문에 자신은 그 일을 할 수밖에 없다고 말한다. 그때마다 나는 그에게 정말로 신을 보았는지, 자신을 신이라 여기는 건 아닌지 묻고 싶다. 자신을 신과 같은 존재로 생각하는 것은 엄청난 폭력이다. 인간이 신처럼 행세하며 굳은 표정과 한 일(一)자 입으로 말을 하면 더 이상 타협은 불가능해진다. 어떻게 해볼 도리가 없다. 신이 자기 기도에 응했다고 하면서 밀어붙이면 대책이 없다. 높은 사람이 직책에 더해 신까지 언급하면 아랫사람들은 더 이상 저항이 어려워진다. 망하는 결정인 줄 뻔히 알면서도 그가 말하는 신의 뜻에 따를 수밖에 없다. 비극이다.

자신의 욕구를 충족시키기 위해 국민이나 신의 이름을 파는 이유는 무엇일까? 그것이 통한다고 생각하기 때문이다. 자기 속내를 상대는 절대 모를 것이라 착각하기 때문이다. 국민을 완전히 바보 취급하는 것이다. 사랑과 미움을 숨길 수 있다고 생각하는가? 속으론 미워하면서 겉으로만 사랑하는 척하면 상대가 그 사실을 모를 거라 생각하는가? 절대 그렇지 않다. 한두 사람을 속일 수는 있을 것이다. 하루 이틀은 속아 넘어갈 것이다. 하지만 많은 사람을 오랫동안 속이는 것은 불가능하다. 사람들은 눈치도 빠르고 어리석지도 않다. 정직이 최선이다. 정치를 하는 사람이나 어느 조직의 리더로 있는 사람이 국민들의 신뢰를 받기 위해서는 자신이 어떤 사람인지를 그대로 드러내야 한다. 솔직하게 인정할 건 인정하고 받아들일 건 받아들이는 것이 좋다.

세상에서 가장 재수없는 사람이 누군 줄 아는가? 잘난 척하는 사람이다. '내가 이런 사람인데' 하면서 거만을 떠는 사람이다. 잘난 사람은 굳이 잘난 척할 필요가 없다. 그 사람이 잘난 것은 천하가 다 아는데 그걸 스스로 드러내기 위해 애쓴다면 사람들이 오히려 반감을 갖게 된다. 자기 약점을 숨기려고 지나치게 자신을 포장하고 과장하는 건 인정을 받기 힘든 최악의 조건이다. 주변에서 그런 사람을 많이 보았다.

그렇다면 매력 있는 사람은 누구일까? 바로 자기 약점을 솔직하게 드러내는 사람이다. **강자가 약점을 드러낸다는 것은 다른 사람의 조언을 받아들일 준비가 되어 있다는 뜻이다.** 그러면 저 사람에게도 저런 약점이 있구나 하면서 사람들의 공감을 얻을 수 있다. 대통령은 최고의 자리다. 또한 책임이 무거운 자리이기도 하다. 그렇기에 강하고 똑똑해야 한다. 또 국민들의 신뢰와 지지가 있어야 유지할 수 있는 자리다. 그런 면에서 엄숙하게 국민들을 상대로 훈계하듯 말하는 것은 좋지 않다. 호소력이 떨어진다. 나는 약점을 드러내길 권한다. 만약 대통령이 "제가 좀 까칠하잖아요? 태생적으로 그런 면이 있어요. 그리고 성장 과정에서 많은 일을 겪다 보니 더 까칠해졌답니다. 맘에 안 드는 사람을 보면 나도 모르게 레이저를 쏜답니다. 그래서 스태프가 많이 힘들어해요. 근데 어쩌겠어요? 하하하"라고 말한다면 어떤 일이 벌어질까? 지지율이 엄청나게 올라갈 것이다. 그게 솔직함의 힘이다.

나는 솔직한 사람에게 끌린다. 반대로 본심을 교묘히 감추고 얘기를 하는 사람을 보면 거부감이 든다. 나는 솔직하다고 자부하지만 더 솔직해지려고 노력한다. 근데 솔직하다는 것이 무얼까? 솔직함은 자신의 생각과 감정을 숨기지 않고 드러내는 것이다. 타인을 의식하지 않고 자기 속내를 표현하는 것이다.

솔직함은 관계를 맺는 열쇠와 같다. 솔직하게 서로를 보여줄 때 두 사람 사이는 끈끈하게 연결되고 서로를 진정으로 이해하는 깊은 관계로 발전할 수 있다.

괜찮은 사람인지 아닌지 어떻게 알 수 있을까?

학생이 교수에게 인정받는 방법은 무엇일까? 내준 과제를 정확하고 빠르게 완수해 제출하는 것이다. 그 이상으로 인정받고 싶다면 능동적이고 창의적으로 과제를 해내면 된다. 내가 만일 교수라면 무엇을 기대할까 생각하고 나의 견해를 더해 일을 완수하는 것이다. 고객에게 인정받는 방법도 상사에게 인정받는 방법도 비슷하다. 전문용어로 고객지향적(customer focus)인 사고를 해야 한다. 고객이 무엇을 원하는지를 끊임없이 생각하는 것이다.

누구나 인정에 목말라한다. 누구나 성공하고 싶어 한다. 하지만 어떤 사람은 성공하고 어떤 사람은 성공하지 못한다. 욕구를 갖는 것은 쉽지만 욕구를 충족시키기는 쉽지 않다. 생각과 실천은 완전 별개의 문제다. 조직에서 성공하기 위해서는 네 가지가 필요하다.

첫째, 열정이다. 그 일이 하고 싶어 안달을 해야 한다. 그건 기본 중에 기본이다.

둘째, 전문성이다. 그 일에 대한 지식이 있어야 한다. 방법도 알아야 한다.

셋째, 자기혁신 능력이다. 계속해서 새롭게 변화하고 발전할 수 있어야 한다.

넷째, 동원 능력이다. 자원, 사람, 돈을 동원할 수 있어야 한다.

조직에는 능력 부족을 핑곗거리로 메우려는 사람이 있다. 예를 들면 옆 부서가 협조를 하지 않아서, 추진하려고 해도 예산이 없어서, 고객이 들은 체도 하지 않아서, 다른 일이 너무 많아서, 스태프가 자기 말을 들어주지 않아서 등등. 이런 사람들은 대체로 자기 반성 능력이 부족하다. 왜 옆 사람이 협조를 하지 않는지, 왜 스태프가 말을 듣지 않는지, 왜 고객이 다시 찾지 않는지 원인을 찾아 해결하려고 노력하는 대신 일을 하지 못하는 수천 가지 이유를 찾는 데 에너지를 허비한다.

왜 동원 능력이 부족할까? 이유는 간단하다. 평소 자기 일만 하느라 옆을 돌아보지 않고 주변 사람들로부터 인심을 얻지 못했기 때문이다. 한 번 온 고객에게 최선을 다하지 않아 그 사람의 마음을 사지 못했기 때문이다. 동원 능력을 키우기 위해서는 밑질 각오를 해야 한다. 정신적으로든 물질적으로든 밑지는 것을 감수해야 한다. 세상에 자기 돈이 아깝지 않은 사람은 없다. 그렇지만 베풀어야 돌아온다. 밥을 얻어 먹은 사람은 어떤 형태로든지 신세를 갚으려 한다. 힘든 사람 얘기도 들어줘야 한다. 쉬운 일은 아니지만 그렇게 해야 동원 능력을 키울 수 있다. 그런데 소위 똑똑하다는 사람들은 "난 상관 안 해. 내 일이 아니니까!"와 같은 말을 아무렇지 않게 한다.

똑똑하다는 의미는 무엇일까? 학벌이 좋은 것, 일류 대학을 나오고, 박사 학위를 받았다는 뜻일까? 그렇지 않다. 성적(成績)으로 평가하면 우수하다고 할 수 있어도 진정으로 똑똑한 게 아니다. 자신이 똑똑하다는 착각을 하고 있을 뿐이다. 알고 보면 성적이 떨어졌던 그들은 다른 일이 바빠 학업을 좀 게을리했을 뿐이다. 학점이 대표적이다. 학점이 좋다는 것은 큰 자랑이 아니다. 나는 대학 때 정말 공부를 하지 않았다. 다른 일로 바빴기 때문이다. 여자도 만나고 술도 마시고 취미활동도 하느라 바빴다. 하지만 마음만 먹으면 A는 얼마든지 받을 수 있다는 자신감은 있었다.

성적 우수자들은 자뻑 증세가 있다. 자기들이 제일 잘났기 때문에 누구에게도 절대 질 수 없다는 생각을 하고 있다. 참으로 위험한 생각이다. 이런 마음자세로는 리더가 될 수 없다. 되어서도 안 된다. 이런 사람은 조금도 밑지려 하지 않는다. 그래서 사람들이 몰려들지 않아 자원을 동원할 수 없음은 물론 팀워크를 발휘할 수도 없다. 지인의 강력한 주장이기도 한데, 전적으로 동의한다.

그 사람이 정말 괜찮은 사람인지 아닌지를 확인하는 방법이 있다. 그 사람이 정신적 물질적 손해를 감수하고 밑지는 일도 감당하는지, 아니면 그런 일에서는 한발 물러서는지를 보면 알 수 있다. 그런 면에서 자기 이익은 하나도 양보하지 않고 이익을 얻는 일에만 적극 나서서 따지는 사람들은 대체로 조직 내에서 동원 능력이 부족하다. 똑 부러지게 따지는 사람은 일견 똑똑해 보이지만, 나는 이런 사람을 헛똑똑이라고 부른다. 단기적으로는 남는 것처럼 보이지만 장기적으로는 큰 손해를 보는 경우를 많이 보았기 때문이다.

3

관계는 어떻게 만들어지고 유지되는가

인간관계는 수학공식처럼 딱딱 떨어지지 않는다.
내가 하나 주었으니 너도 하나 주어야 한다고 계산한다면
삶이 너무 피곤하고 삭막해진다.

관계를 만드는 최고의 도구

그 사람이 누구와 얼마나 자주 밥 먹는지를 보면 그 사람에 대해 많은 것을 알 수 있다. 외부 고객하고 주로 먹는 사람이 있고, 내부 직원들과 주로 먹는 사람이 있다. 고정된 한두 사람하고만 먹는 사람도 있고, 두루두루 시간을 배분해서 먹는 사람도 있다. 밥은 철저히 가족하고만 먹는 사람도 있고, 집에서 거의 밥을 먹지 않는 사람도 있다.

매번 같은 사람하고만 어울려 밥을 먹는 사람은 폐쇄적일 가능성이 높다. 그런 사람은 무의식중에 다른 사람들과의 관계는 차단하고 싶다는 표현을 하고 있는 것이다. 직급이 높은 사람이 이런 성향을 갖는 것은 위험하다.

같이 밥을 자주 먹는다는 것은 그 사람에게 그만큼 관심이 있다는 방증이고, 한 번도 밥을 같이 먹지 않았다는 것은 이유를 불문하고 그 사람에게 큰 가치를 두지 않는 것이다. 오랫동안 같이 일을 해도 밥을 먹지 않으면 그 관계는 사무적일 가능성이 높다. 일이 사라지면 관계도 같이 사라질 수 있다. 반면 같이 일을 하지도 않고 별다른 이해관계가 없는데도 밥을 자주 먹는다면 두 사람 사이에는 정이 있는 것이다.

애정 없이 밥을 같이 먹기는 쉽지 않다. 관계가 소원해지면 밥 먹는 횟수가 줄어들고 관계가 돈독해지면 밥 먹는 횟수가 늘어난다. 가족도 마찬가지다. 아침식사라도 온 가족이 모여 밥을 먹으면 좋은 관계가 유지되지만 같이 밥 먹는 횟수가 줄어들면 가족 간의 끈끈함도 사라질 수 있다. 가족의 또 다른 말인 식구(食口)는 그런 면에서 재미있는 단어다. 식구란 같이 밥을 먹는 사이라는 뜻이다.

애들이 아버지보다 엄마와 가까운 이유 중 하나는 엄마가 밥을 해주고 같이 밥 먹는 횟수가 많기 때문이다. 만약 아버지가 집에서 밥을 해주고 엄마가 밖에서 사회생활을 한다면 달라질 수 있다. 엄마와 애들이 다투었어도 삐침이 오래가지 않는 것도 밥이 매개 역할을 하기 때문이다. 아버지와 애들 관계는 엄마에 비해 밀도가 떨어진다. 그래서 다투거나 야단을 치면 후유증이 오래간다. 한 달 이상 애들이 눈을 마주치지 않는 경우도 있다. 아버지가 애들을 야단칠 때는 신중에 신중을 기해야 한다. 가급적 엄마로 하여금 야단치게 하고 아버지는 나중에 중재 역할을 하는 것이 좋다.

만약 애들과의 관계가 소원한 아버지가 있다면 지금부터라도 같이 밥 먹는 횟수 늘리기를 권한다. 자신이 직접 요리를 해주면 더 좋겠지만 사정이 여의치 않으면 외식이라도 자주 하는 것이 좋다.

밥은 관계를 만드는 가장 좋은 도구다. 밥은 단순히 먹는 것 이상의 역할을 한다. **밥은 관계를 다르게 만든다. 살벌했던 사이도 밥상을 중간에 놓으면 감정이 누그러진다. 형식적으로 만나던 사람도 같이 밥을 먹고 나면 느낌이 달라진다.** 그 사람에 대해 더 많이 이해할 수 있고 부탁을 할 때도 껄끄럽지 않다. 식사를 전후한 분위기도 확연히 달라진다. 회의를 식사 전에 하느냐, 식사 후에 하느냐, 식사를 하면서 하느냐에 따라 분위기가 달라지고 결론도 달라진다. 최선은 식사를 하면서 하는 회의다. 밥을 먹으면 마음이 여유로워지고 창의적인 생각들이 떠오른다. 반면 식음을 전폐하고 하는 회의는 부정적 결론에 이를 가능성이 높다. 그런 의미에서 노사협상도 밥을 먹으면서 하면 훨씬 긍정적 결론에 도달할 수 있을 것이다.

나는 스태프와 주기적으로 밥을 먹는다. 적어도 일주일에 한 번은 먹는다. 밥을 먹으면 온갖 얘기가 쏟아져 나온다. 남자친구와 헤어진 얘기, 사귀는 남자 부모를 만난 얘기, 동료 직원들 사이의 소문, 업무에 관한 얘기, 회원들의 대소사…. 그러면서 애정도 생기고 소통도 된다. 특별히 미팅의 필요성을 느끼지 못한다.

직원들과 거의 밥을 먹지 않는 상사가 있다. 그런 조직일수록 공식 회의를 통해 모든 일을 처리하려 한다. 이걸 하라, 저걸 하지 마라, 위기에 빠졌으니 원가를 절감하라, 마케팅에 주력하라…. 하지만 효율성이 떨어지고 추진력이 약하다. 애정이 없고 끈끈한 인간관계가 아니기 때문이다. 사람은 그런 존재다.

같이 밥을 먹는다는 것은 단순히 식욕을 채우는 것을 넘어선다. 밥을 같이 먹는 것은 좋은 관계를 만드는 최고의 도구다.

주는 사람이 얻는다

"그 사람의 연봉은 그 사람이 자주 만나는 사람들 연봉의 평균과 같다. 그 사람이 어떤 사람인지를 알려면 그 사람이 주로 어떤 사람들과 만나는가를 보면 알 수 있다. 그 사람이 잘 살았는지 못 살았는지는 초상집에 가면 알 수 있다."

우리가 자주 듣는 말이다. 인생에서 주변 사람들이 얼마나 중요한지를 새삼 알게 한다. 친구의 성공이 내 성공이란 생각도 하게 된다. 그로 인해 좋은 기회가 생기고 유용한 정보를 얻기 때문이다.

미국의 워싱턴 정가에서 널리 회자되는 말은 'Not what you know but who you know'다. '무엇을 알고 있느냐보다 누구를 알고 있느냐가 중요하다'는 의미다. 특히 상류사회로 갈수록 인맥이 더욱 중요하다. 태권도의 대부 이준구 씨는 인맥관리를 잘해 성공을 거둔 것으로 유명하다. 그는 부시

대통령, 콜린 파월 국무장관, 아널드 슈워제네거 캘리포니아주지사, 보브 리빙스턴 하원의장, 뉴트 깅리치 하원의장, 안토니오 이노키 일본 프로레슬러 등과 친교를 나누고 결정적일 때 도움을 주고받았다.

좋은 인간관계를 맺기 위해 필요한 것을 알아보자.

우선, 인맥을 이용 목적으로 만들어서는 안 된다. 그저 마음이 끌려 만나다 보니 친해지고 좋아하게 된 것이 결과적으로 진정한 인맥이 된다. 그런 면에서 인맥이란 그것을 이용하려 들면 생기지 않는다. 인맥은 인맥을 이용하지 않았기 때문에 생긴 결과다. 인맥은 자주 만나지 않아도 신뢰할 수 있고 만나면 더욱 좋은 관계다. 나는 유명한 사람들의 이름을 들먹이며 인맥을 과시하는 사람을 신뢰하지 않는다.

둘째, 무엇을 바라지 말고 마음이 내키는 대로 베풀 줄 알아야 한다. 인색함은 인맥의 천적이다. 인색한 사람들에게는 사람들이 몰리지 않는다. 큰 부자는 베푸는 사주를 갖고 태어난다. 자주 베풀다 보니 좋은 사람이 몰리고 좋은 정보를 접하게 되어 큰 부자가 된 것이다. 세상에는 두 종류의 사람이 있다. 무언가 베풀려고 노력하는 사람과 무언가 얻어가려고 노력하는 사람이다.

셋째, 지금 있는 곳에서 출발하는 것이 좋다. 가정에서 아이 밥도 제대로 차려주지 않으면서 밖에서 봉사활동에 열심인 사람이 있다. 직장에서 불성실한 사람이 각종 모임에 열성적으로 참석해 활동한다. 정상이 아니다. 인맥관리는 현재 위치에서 출발하는 것이 바람직하다. 매일 만나는 동료, 스태프에게 밥을 사고, 따뜻한 말 한마디를 건네는 것이 무엇보다 중요하다. 그래서 지금 위치에서 좋은 평판을 얻어야 한다. 평판은 알리고 싶다고 알려지는 것도 아니고 피하고 싶다고 피해지는 것도 아니다. 자연스럽게 서서히 퍼져 나가는 것이다. 집에서 새는 쪽박은 밖에서도 새는 법이다.

넷째, 늘 손해 보듯 행동하는 것이 좋다. **인연을 좋게 하려면 손해를 감수하겠다는 생각으로 사는 것이 바람직하다. 인간관계는 수학공식처럼 딱딱 떨어지지 않는다. 내가 하나 주었으니 너도 하나 주어야 한다고 계산한다면 삶이 너무 피곤하고 삭막해진다.** 또 그렇게 되지도 않는다. 인간관계가 주고받음의 관계이긴 하지만 순서로 보았을 때 주는 것이 먼저다. 내가 주면 저쪽도 줄 가능성이 높아진다. 하지만 저쪽에서 주지 않는다 해도 할 수 없는 일이다.

곰곰이 생각하면 나는 많은 은혜를 입고 여기까지 왔다. 근데 제대로 갚지 못했다. 이 세상에 안 계신 분이 많기 때문이다. 은혜를 그 사람에게 되갚기가 쉽지 않을 수 있다. 방법은 다른 사람에게 갚고 그 사람이 또 다른 사람에게 갚는 것이다.

다섯째, 기회가 왔을 때 마음을 전달할 수 있어야 한다. 주변에 살던 이모님이 팔순을 맞이했다. 늘 내게 많은 것을 베풀어주셨던 분이다. 나는 조금 과하다 싶을 정도의 선물을 했다. 다른 것보다 이런 형태로라도 감사한 마음을 전달하고 싶었기 때문이다.

애경사도 마찬가지다. 아주 친하다고 생각했던 사람이 오지 않거나, 오더라도 말이 안 되는 액수의 조의금을 전하면 마음이 상한다. 애경사는 내 마음을 상대에게 전할 수 있는 좋은 기회이니만큼 잘 활용할 필요가 있다.

팀워크는 내가 일하는 대신 팀이 일하는 것이다. 네트워크도 내가 일하는 대신 내 주변의 네트들이 일하는 것이다. 그런 면에서 내 주변에 어떤 사람들이 있는지, 그들이 내게 어떤 감정을 갖고 있는지를 알아야 한다. 그들과의 관계가 일의 성패를 좌우하기 때문이다.

사람 관계는 농사짓기와 비슷하다. 갑자기 좋아지거나 나빠지지 않는다. 그래서 항상 관심을 갖고, 챙기고, 돌보아야 한다.

인간관계를 매끄럽게 만들고 싶다면

고속도로 휴게소에서 혼자 점심을 먹는데 손자와 할머니인 듯한 이들이 내 앞에 앉았다. 씩씩하고 활기차 보이는 아이는 내게 웃음을 지어 보였다. 나도 미소로 응답을 했다. 그러자 그 아이가 여러 질문을 했다. "아저씨는 어디 가는 길이에요? 무슨 일을 하세요?" 등등. 나도 같은 질문을 던졌다. 아이는 "지금 7살이고, 할머니와 홍천에 있는 친척집에 가는 길이에요. 할머니도 좋고 아빠도 좋은데 엄마는 무서워서 싫어요. 유치원 다니기 싫은데 엄마한테 야단 맞을까 봐 억지로 다녀요"라고 말하며 방긋방긋 웃었다.

짧은 시간이었지만 그 아이와 얘기를 나누면서 기분이 좋아졌다. 순진한 아이의 미소가 내 마음을 열게 했고 덕분에 행복했다. 미소가 사람을 행복하게 만들 수 있다는 사실을 다시 깨달았다.

미소는 관계를 여는 열쇠 역할을 한다. 미소를 띠고 있는 사람은 보고만 있어도 기분이 좋아진다. 미소를 주고받으면 그 자체로 행복하다. 그런데 우리나라 사람들은 무표정한 얼굴로 사람을 대하는 경우가 많다. 한국은 미소의 대척점에 있는 나라가 되었다. 표정이 어둡고 무겁다. 미소의 나라 태국과는 대조적으로 찌푸린 얼굴의 나라가 되어가고 있다.

아르헨티나로 이민을 갔다 온 어떤 언론인은 이런 얘기를 했다.

"그래도 전 매스컴을 탔던 사람입니다. 나름 기분도 조절하고 표정관리도 하기 때문에 보통 사람보다는 낫다고 생각했습니다. 근데 이민 가서 장사를 하는데 옆집 아저씨가 제 아내에게 남편 직업이 군인이었냐고 물었다는 겁니다. 그만큼 굳은 표정으로 장사를 하는 모습이 안타까웠대요."

잔뜩 인상을 쓰고 있던 사람이 대화 끝에 알고 보면 자신도 괜찮은 사람이라고 말했다. 뭔가 어색하고 동의하기 어려웠다. 동시에 세상에 스스로를 나쁜 사람이라고 생각하는 사람이 있을까란 의구심이 생겼다.

모든 사람을 알 수는 없다. 그건 불가능할뿐더러 그럴 필요도 없다. 알고 보면 괜찮은 사람이란 말은 별 의미가 없다. 그보다는 잘 몰라도 괜찮은 사람이고 척 봐도 좋은 사람이어야 한다. 늘 미소를 짓고 잘 웃으면 그렇게 될 수 있다. 웃는 얼굴에 침을 뱉을 수는 없다. 웃는다는 건 나는 무장해제가 되었고 당신과 얘기할 준비가 되었다는 걸 의미한다. 그게 습관이 되면 관상도 좋아진다.

내가 생각하는 관상의 정의는 그 사람의 마음이 얼굴 표정에 나타난 결과물이다. 매일 술 퍼마시고, 싸우고, 난동 부리고, 야단치고, 진상 짓을 하는데 관상이 좋을 수는 없다. 좋은 관상을 갖는다는 건 결국 좋은 생각을 하고 웃는 얼굴로 인생을 잘 살았다는 증표인 셈이다.

인상을 쓰는 사람과 담배 중독자에겐 공통점이 있다. 불쾌감을 주고 냄새가 나기 때문에 사람들이 피한다는 것이다. 반대로 웃는 사람과 향기로운 사람 주변에는 사람들이 모여든다. **미소는 인간의 모든 감정 중 가장 전염성이 강하다. 미소를 짓는 데는 1분도 걸리지 않지만 그 순간은 오래 지속된다.**

미소는 짓는 사람도 보는 사람도 다 기분이 좋아지게 한다. 미소를 짓는다는 건 그 사람과 함께하는 시간이 즐겁고 행복하다고 표정으로 말하는 것이다. 환하게 웃는 얼굴을 보고 있으면 기분이 고조된다. 그래서 미소는 가정에도 직장에도 꼭 필요한 요소다.

"미소는 지친 사람에게는 안식이며, 절망에 빠진 사람에게는 빛이며, 슬픈 사람에게는 태양이며, 모든 문제에 대한 자연의 묘약이다."

인간관계론의 대가 데일 카네기의 말이다.

'웃지 않는 사람은 장사를 해서는 안 된다'는 중국 속담도, '미소 짓는 방법을 배우기 전에는 가게 문을 열지 마라'는 이스라엘 속담도 모두 미소의 중요성에 대해 말하고 있다.

미소는 모든 인간관계를 부드럽게 하는 윤활유일 뿐만 아니라 사업을 더 잘되게 하는 촉진제와도 같다. 아무리 강조해도 지나치지 않다.

나는 '쉬운' 남자이고 싶다

당신은 깐깐한 편인가, 느슨한 편인가? 가족에게 엄격한 사람인가, 너그러운 사람인가? 사람들이 당신을 어려워하는가, 아니면 편하게 생각하는가? 당신은 어떤 사람이 되고 싶은가?

나는 '쉬운' 남자다. 그런데 요즘 들어 그 증세가 더 심해졌다. 우선 잘 따지지 않는다. 대세에 지장이 없으면 대체로 그냥 넘어간다. 남들한테도 그렇지만 가족한테는 더욱 그렇다. 가까운 관계일수록 더 많은 이해와 수용이 중요하다는 사실을 깨달았기 때문이다.

아내와 두 딸은 나를 전혀 어려워하지 않는다. 오히려 내가 그들을 어려워하는 것 같다. 그들이 내 눈치를 보는 게 아니라 내가 그들 눈치를 본다. 우선 아내와의 관계가 그렇다. 아내는 우리 집의 절대 권력자다. 모든 의사결정을 아내가 한다. 다른 집은 큰 건 남자가, 작은 건 여자가 결정을 한다는데 우리 집은 대소사 모두 아내가 결정한다. 내가 결정하는 건 거의 없다. 크게는 집을 사고 옮기는 것, 아이 교육, 휴가 장소와 날짜. 식당에서의 메뉴와 텔레비전 프로그램까지 모두 아내가 결정한다. 심지어 내 옷과 신발 고르는 것도 아내가 결정한다. 내 취향보다는 아내 취향이 중요하다. 내 의견은 말해봐야 별 소용이 없다. 아내가 결정을 해버리면 바로 꼬리를 내려야 한다. 왜 내 옷을 아내가 선택해야 하는지 이해하기 어렵지만 받아들일 수밖에 없다. 요즘엔 심지어 투표할 사람까지 정해준다. 그동안 아내에게 따진 적도 거의 없지만 앞으로도 따지지 않을 생각이다. 솔직히 따질 수도 없고 따지고 싶지도 않다. 그리 틀린 결정을 하지 않기 때문이다.

아내는 하는 일이 너무 많다. 요즘은 손주 양육까지 깊이 관여해 자기 시간이 거의 없다. 육체적으로도 너무 힘들어 보인다. 그동안 힘들다는 얘기를 거의 하지 않았는데 요즘은 가끔 힘들다는 얘기를 한다. 이렇게 힘든 아내에게 나까지 부담이 되고 싶지는 않다. 나는 자신을 잘 알고 있다. 직업적인 일 외에는 대부분의 일에 서툴고 어설프다. 잘 알지도 못하면서 쓸데없이 나서서 아내의 속을 긁고 싶지 않다.

두 딸과의 관계도 일방적이다. 딸들은 늘 나를 예의주시한다. 일거수일투족을 감시하면서 나를 놀린다. 큰애는 자기주장이 확실하고 안에서나 밖에서나 자기 할 말을 다 하는 편이다. 뭔가 실수를 하면 어김없이 빛의 속도로 피드백을 한다. 그럼 이실직고하고 사과해야 한다. 앙탈을 부렸다간 일만 커진다. 둘째는 다르다. 둘째는 소심하고 자기 속내를 잘 드러내지 않는다. 상대가 싫어할 얘기는 절대 하지 못한다. 회사에서 특히 그런 것 같다. 하지만 내 앞에선 사람이 달라진다. 눈이 빛나고 자신감이 넘친다. 허점이 많은 나는 완전히 둘째의 밥이다. 본인 말로는 내가 잔소리를 부르는 스타일이란다. "아빠, 왜 문자에 답을 안 해?", "왜 음식을 흘려?", "왜 그런 쓸데없는 소리를 해서 엄마를 열받게 해?" 하면서 온갖 잔소리를 한다. 때로 변명하고 저항을 해보기도 하지만 번번이 진다. 어떨 때는 누가 부모고 누가 자식인지 구분이 안 된다. 그래도 괜찮다. 밖에서 못해본 행동을 집에서라도 하며 스트레스를 풀어야 한다고 생각한다. 나라도 편해야지 나까지 그 아이를 힘들게 하고 싶지는 않다.

나는 가족들이 놀리고 잔소리하는 것이 노엽지 않다. 이를 사랑으로 받아들인다. 나를 믿고 사랑하니까 저런 행동을 하는 것으로 이해한다. 만약 그들이 마음의 문을 닫으면 공손하게 온갖 예의를 차릴 것이다. 존댓말을 하고 옆에 오지 않으려 할 것이다. 그런 것보다는 지금처럼 나를 쉽고 편하게 대하며 친하게 지내는 것이 좋다. 내가 가족과 관계를 맺는 방식이다.

나는 사소한 일에 목숨을 걸고 싶지 않다. 아내와 싸워 이기고 싶지 않다. 딸들을 논리적으로 꺾고 싶지 않다. 그들에게 이겨서 무엇을 얻을 수 있단 말인가? 누가 상을 주는 것도 아니고 승리자라고 칭송해줄 사람이 있는 것도 아닌데 관계에 나쁜 영향만 끼칠 어리석은 짓은 하고 싶지 않다. **사람들이 쉽게 접근해 얘기를 나누고 좋은 관계를 갖고 싶어 하는 그런 편한 사람이 되**

고 싶다. 그래야 독거노인과 같은 쓸쓸한 삶이 아닌, 사람들과 더불어 행복한 노년을 보낼 수 있을 것이다.

사람 사이의 적당한 거리는?

명절에는 동생네 가족과 함께 어머니 집에서 하루를 자고 온다. 별로 하는 일은 없다. 같이 밥 먹고 얘기를 나눌 뿐이다. 근데 엄청 피곤하다. 하는 일도 없는데 왜 이렇게 피곤할까? 많은 사람들이 좁은 공간에서 부대끼기 때문이다. 즉, 사람 멀미를 한다는 게 내 진단이다. 넓은 집에서 아내와 둘이 홀가분하게 지내다 좁은 집에서 여럿이 하루 종일 붙어 있으니 힘든 것이다.

그런 면에서 제주도의 안거리와 밖거리는 이상적인 주거 형태다. 한 울타리 안에 있는 두 채의 집인데, 안거리에는 부모님이 살고 밖거리에는 자식 내외가 산다. 생활공간을 분리하여 사생활을 보호하는 것이다. 동거는 하되 일정한 거리를 두는 것이다. 당연히 고부간 갈등이 줄어든다. 노인들의 자발성을 키우는 한편, 완전 별거에 따른 고독감도 막는다. 이상적인 형태가 아닐 수 없다.

관계에는 거리가 필요하다. 적당한 떨어짐이 중요하다. 그의 모든 것이 알고 싶어도 참고 의도적으로 거리를 두어야 한다. 그래야 숨을 쉴 수 있다. 나도 살고 상대도 살 수 있다. 너무 밝은 불빛 아래서는 잘 수가 없다. 어두워야 편안하고 깊게 잠을 잘 수 있다.

어항 속 물고기는 불행하다. 자기만의 공간이 없기 때문이다. 모든 것을 드러낸 삶은 불행하다. 사람은 누구나 감추고 싶은 것이 있고 감춰야 할 것이 있다. **마음속 다락방이 필요하다. 몰라서 생기는 비극보다 알아서 생기는 비극이 더 많다.**

원만한 대인관계를 위해서는 적당히 거리를 유지해야 한다. 알아도 모른 척 상대가 얘기하지 않으면 굳이 알려고 하지 말아야 한다. 서로의 다락방을 인정해야 관계가 오래 지속될 수 있다.

항상 함께 있다고 좋은 것은 아니다. 모든 것을 보게 되면 장점보다 단점이 많이 보인다. 그러다 보면 실망하게 되고 관계가 나빠진다. 상대를 소중하게 생각하고 그리움을 갖고 싶다면 적당히 떨어져 있을 필요가 있다. 그리움은 떨어져 있을 때 생긴다.

자주 만나는 게 좋을까?

나는 친척이 별로 없는 집안에서 성장했다. 형제 외에 사촌 몇 집, 외가 쪽 몇 집이 만나는 친척의 전부다. 그마저 명절 때나 만날 정도의 사이라 번잡하지 않다. 반면 처가 쪽은 완전히 다르다. 장인 장모가 다 경상도 분인데 형제들도 많고 형제간 친밀도도 서울 사람인 나와는 딴판이다. 명절 때와 집안의 애경사를 챙기는 건 기본이고 수시로 연락하고 만나면서 도움을 주고받는다. 환갑이나 칠순 같은 잔치가 있을 때면 형제들이 며칠씩 그 집에 머물면서 먹고 마시고 놀면서 시간을 보냈다. 나는 그런 번잡함이 싫기도 하고 부럽기도 했다.

근데 집안일이 많아도 너~무 많았다. 제사, 벌초, 시제 같은 조상 관련 일 외에도 애경사가 지나치게 많았다. 하지만 어느 것 하나 쉽게 빠질 수 없었다. 가지 못해도 돈은 내야 했다. 벌초 때문에 친척들과 갈등도 있었다. 어르

신이 많으니 의견을 제대로 피력하기 어려웠고, 무엇보다 시간 소모가 너무 컸다.

그래서인지 처가 쪽 남자들은 사회적으로 성공한 사람이 별로 없다. 머리도 좋고 잠재력은 있는 것 같은데 꽃을 피우지 못하고 있다는 느낌을 받았다. 너무 복잡한 관계를 유지하기 위해 시간을 소비하고 윗사람들 비위 맞추느라 정작 자신을 위해 써야 할 시간이 부족한 것이 원인이란 생각이 든다.

잘 아는 대기업 사장이 있다. 환갑이 넘었지만 아직 현역이고 워낙 출중해 몇 년은 더 할 것 같다. 우연히 만난 그가 최근 있었던 일을 얘기한다.

직원 중 한 명이 사장님의 경쟁력은 무엇이냐는 질문을 던졌다. 사장은 이런저런 얘기를 했지만 정말 하고 싶은 얘기는 하지 못했다고 말했다. 하고 싶었던 얘기가 뭐냐고 물었더니 자신은 집안 행사에 시간을 거의 빼앗기지 않고 오롯이 자신과 회사를 위해 쓸 수 있었는데, 그게 경쟁력인 것 같다는 것이다. 내용은 이랬다.

"부모님 고향이 북한이라서 남한에 친척이라곤 없다. 오직 형제뿐이다. 처가 쪽도 다 미국으로 이민 가서 아내 외에는 아무도 없다. 교회를 다니니 제사도 지내지 않는다. 명절 때도 집에서 음식을 해먹지 않고 다 외식을 한다. 그래서 식당이 문을 닫는 명절 당일은 만나지 않고 대신 명절 다음 날 형제를 만나 밥 한끼 먹고 헤어진다. 근데 주변을 보니 집안일에 너무 신경과 시간을 많이 쓴다. 초년에는 단출함이 싫었는데 시간이 지나면서 이게 내 경쟁력이 될 수 있었다는 생각이 들었다."

사람들은 인간적 네트워크에 과도한 비중을 둔다. 삶에서 인맥이 가장 중요하다고 생각한다. 그래서 괜찮은 사람들과 좋은 관계를 맺기 위해 무지 노력한다. 주말마다 온갖 결혼식장과 장례식장을 찾아 다니는 것도 따지고 보면 그들을 자기 사람으로 만들기 위해서다. 나 역시 그랬다. 근데 많은 사람들과 좋은 관계를 유지하는 데는 희생이 따른다. 시간과 돈을 써야 한다. 감정도 써야 한다. 근데 모든 게 제한적이다. 관계 역시 그러하다. 우리는 좋은 관계를 맺고 유지하는 데 필요 이상의 시간을 쓴다.

좋은 관계가 주는 행복감은 무엇과도 비교할 수 없지만 지나치면 피곤하다. 너무 복잡한 관계, 너무 많은 시간을 필요로 하는 관계, 성장을 방해하는 관계, 의무감에서 맺는 관계 등이 그렇다. 그래서 '관태기'라는 말까지 생겼다. 관계와 권태기를 붙여 만든 말이다. 지루한 관계, 권태로운 관계라는 말이다.

관태기에서 벗어나 **좋은 관계를 유지하려면 자주 만나는 것보다는 가끔 만나는 것이 좋다.** 또 관계도 발전적으로 이끌어가는 게 좋다. 의무감에서 만나는 것보다 만나면 유익하고 활력이 생기는 그런 관계가 이상적이다.

주기적으로 관계를 정리하는 것도 방법이다. 나는 억지로 관계를 유지하는 것보다 자연스럽게 멀어지는 걸 택하는 편이다. 서로에게 별다른 감정이 없으면 만나는 횟수가 줄면서 저절로 멀어진다. 그게 바람직한 것 같다.

당신에게 관계는 어떤 의미를 갖고 있는가? 그런 만남이 늘 재미있고 보람 있는가? 주로 어떤 사람들과 관계를 맺고 있는가? 발전시킬 관계와 정리해야 할 관계가 있다면 어떤 것인가?

"관계는 맺는 것 못지않게 끊을 수 있는 능력이 필요하다."

미국의 미래학자 앨빈 토플러의 말이다.

자유할 것인가, 결속할 것인가

이민을 간 지 얼마 안 된 사람들은 홀가분하다며 좋아한다. 특히 갓 결혼한 여성들은 시댁과의 관계에서 자유로울 수 있어 좋아한다. 제사를 비롯한 집안 행사에 참석할 필요가 없고 눈치를 볼 일이 없으니 더 그렇다. 하지만 나이가 들면 반대 현상이 나타난다. 자녀가 명문대를 가도 좋은 차를 사도 자랑할 사람이 없다. 사람들이 그립다면서 다시 한국에 오고 싶어 한다. 그런 걸 보면 모든 일에는 좋은 면과 나쁜 면이 함께 존재하는 것 같다.

일본의 종교학자 시마다 히로미의 《사람은 홀로 죽는다》는 무연고(無緣故)와 고독사(孤獨死)를 파헤친 책이다. 혈연이나 친구 없이 살다가 혼자 죽어가는 사람들을 조명하고 있다. 고독사 혹은 무연사(無緣死)라는 말은 2010년 1월 일본의 NHK가 방송한 '무연사회, 무연사 3만 2,000명의 충격'

이란 프로그램에서 처음 사용되었다.

무연사의 주범은 독신이다. 관계를 맺지 않고 외롭게 사는 사람들이 많기 때문이다. 일본에는 '아라포'라는 단어가 있다. 영어 '어라운드 포티(around 40)'를 일본어로 표기한 것으로, '잃어버린 20년'(1993~2013년) 때 대학을 졸업하여 안정된 직업을 갖지 못하고 결혼을 안 하거나 못한 상태에서 중년이 된 이들을 가리킨다. 노처녀와 노총각이 차고 넘칠 뿐 아니라 혼자 사는 노인도 많다.

독신자는 무연사 예비군이다. 혼자 살고 결혼 경험이 없기 때문에 대인관계를 넓히기가 쉽지 않다. 나이를 먹으면 부모도 세상을 떠난다. 형제자매도 별로 없다. 절친한 친구가 있어도 결혼해 가정을 꾸리면 멀어진다. 다시 적극적으로 인간관계를 넓혀보려 해도 새롭게 친구를 사귀기란 의외로 어렵다.

독신이 늘면 무연사는 필연이다. 장례식도 간소해진다. 10년 만에 장례 비용이 3분의 2로 줄었고, 찾아오는 사람이 없어 3일장도 필요 없어졌다. 미래에는 3일장, 5일장이 유물이 될 가능성이 크다. 대신 직장(直葬)이란 단어가 나타났다. 장례식 없이 바로 화장하는 것을 뜻한다. 돌봐줄 사람이 없어 까딱하면 사후에 무연고 묘지 신세가 될지 모를 사람들을 위해 영대공양(永代供養. 영원히 공양을 드리고 추모한다는 뜻)묘도 생겼다. 살아 있는 동안 절에 일정한 요금을 내면 묘를 준비하고 사후 공양까지 해주는 서비스다.

장례를 비롯한 관혼상제는 본래 유연(有緣)사회를 유지하는 대표적인 시스템이다. 촌락 같은 유연사회에서 법도를 어긴 사람은 제재를 당한다. 반면에 무연(無緣)사회에서는 별도의 연을 맺지 않고 산다. 그래도 사는 데 별지장이 없다.

무연은 한때 사람들의 소망이었다. 하지만 사람은 연 없이 살 수 없다. 무연을 찾아 유연사회를 떠난 사람들에게도 과도한 무연은 내키지 않는 일이다. 그래서 어딘가에 소속되려고 한다.

현대사회에서는 이 역할을 기업이 담당한다. 기업은 새로운 이름의 공동체다. 종신고용, 연공서열, 기업 내 노동조합 같은 일본식 경영은 공동체 성격을 띤다. 한 회사에 오래 있으면 개인생활의 안정과 행복을 동시에 얻을 수 있다. 관혼상제도 회사가 담당한다. 결혼식은 신랑신부의 집안 행사인 동시에 회사 행사의 성격을 띤다. 직장 내 인간관계가 그대로 결혼식장으로 옮겨진다. 장례는 더욱 중요하다. 사원들은 장례식장의 접수, 안내까지 도맡는다. 일본 기업들은 관혼상제를 사원 결속의 절호의 기회로 이용한다.

유연시대에서 무연시대로 변하고 있다. 무연사와 고독사는 그 결과물이다. 우리는 둘 중 하나를 택하고 결과물을 받아들여야 한다. 무연사가 싫은 사람은 평소 연을 소중하게 여기며 무연사에 이르지 않도록 노력해야 한다. 적극적으로 결혼해 아이를 낳고 가족과 좋은 관계를 유지하는 것이다. 힘들고 공이 많이 들어가는 일이다. 희생이 따른다. 또 다른 하나는 자유를 택하고 대신 고독한 죽음을 각오하는 것이다. 각오만 제대로 하면 두렵지 않다. 어차피 죽음은 혼자서 가는 길이다. 하나를 얻으면 다른 하나를 잃는 게 순리다. 자유는 철저한 고독의 대가라는 말도 있지 않은가? 당신은 어떤 삶을 선택하겠는가?

4

관계를 망치는 것들

친구 덕분에 성공하는 사람은 별로 없지만,
적 때문에 실패하는 사람은 많다.
우리가 정말 관심을 가지고 관리해야 할 사람은 나를 미워하는 이들이다.

지금, 여기에 없는 사람들

예나 지금이나 나는 뭔가를 잃어버리는 데 선수다. 그동안 잃어버린 우산을 모으면 우산가게 하나는 차렸을 것이다. 지갑도 숱하게 잃어버렸다. 소매치기를 당했는지 흘렸는지는 모르겠으나 현금이 두둑할 때 여러 번 잃어버렸다. 딸들이 사준 명품 지갑도 두 번이나 잃어버렸다. 택시에 두고 내린 핸드폰을 기사가 찾아준 적도 있다. 그 외 목도리, 장갑, 심지어 외투까지 두고 온 적도 있다.

나는 이런 내가 정말 싫다. 스스로에게 도대체 정신을 어디에 두고 다니는지 묻곤 한다. 요즘 나처럼 정신줄을 놓고 다니는 사람들 숫자가 점점 늘어나고 있다. 스마트폰에 의존하다 보니 그런 것 같다. 하루 종일 귀에 이어폰을 끼고 뭔가를 듣거나 스마트폰만 들여다본다. 그들에겐 스마트폰이 세상의 전부인 것 같다.

가족끼리 외식을 나와서도 아빠, 엄마, 아들, 딸이 모두 각자의 스마트폰만 들여다본다. 도대체 그 폰 안에 뭐가 있기에 저렇게 화면만 보고 있을까? 그들은 그저 같이 앉아 있을 뿐 사람 사이의 소통이 일어나지 않는다. 이런 광경을 볼 때마다 수많은 의문점이 생긴다.

앞에 있는 가족보다 페북 친구가 더 중요할까? 저 가족에게 함께 밥을 먹는다는 게 무슨 의미가 있을까? 저 가족의 친밀도는 어느 정도일까 ? 아마 그리 높지 않을 것이다. 같이 있어도 얘깃거리가 별로 없고 의사소통이 잘되지 않으니 차라리 멀리 있는 친구들과 카톡을 주고받는 것이다. 그들에게 가족은 있지만 관계는 작동하지 않는다.

스마트폰 때문에 많은 사람들이 ADHD(Attention Deficit Hyperactivity Disorder, 주의력결핍 과다행동장애) 환자로 변하고 있다. 집중하지 못하고 주의가 산만하다. 몸은 여기 있지만 마음은 구천을 맴돌고 있다. 당연히 관계의 질이 떨어진다. 앞에 앉은 사람을 투명인간 취급하는 사람들도 있다. 대단히 걱정되는 현상이다.

인간에겐 세 가지 기본 욕구가 있다. 존재의 욕구, 관계의 욕구, 성장의 욕구가 그것이다. 그중 첫째가 존재의 욕구다. 존재해야 관계할 수 있고 관계를 통해 성장할 수 있다. 존재가 먼저다. 존재하지 않으면 나머지 것들이 다 소용없다. 그런데도 이걸 소홀히 하고 있다. 여기에 존재하지 않고 다른 관계에 마음을 쏟는다. 이곳에 존재하는 대신 남의 인생을 엿보고 댓글을 달고 멀리 있는 사람과 문자를 주고받는다. 앞에 있는 사람을 투명인간 취급하면서 본 적도 만난 적도 없는 페북 친구와 매일 대화를 나누고 있다. 이상하다. 가장 소중한 가족의 밥은 차려주지 않고 모르는 사람에게 봉사활동을 하는 가정주부가 연상된다.

교통사고를 당한 환자들이 병원에서 눈을 뜬 후 가장 먼저 하는 질문이 있다. **여기가 어디지? 내가 왜 여기 있지? 정신을 잃었다가 정신이 들면서 본능적으로 던지는 존재에 관한 질문들이다. 이 질문은 지금 우리가 자신에게 던져야 하는 질문이기도 하다.** 나는 누구인가? 여기가 정말 내가 있어야 할 곳인가? 나는 지금 제대로 살고 있는 걸까? 사람들과의 관계는 올바른가? 한번쯤 점검해볼 필요가 있다.

톨스토이가 말했듯이, 우리에게 가장 소중한 건 바로 지금 이 순간, 내가 하는 일, 내 앞에 있는 사람이다.

열린 관계의 적들

같은 행동을 해도 어떤 사람이 하느냐에 따라 반응이 달라진다. 사람마다 감정 상태가 다르기 때문이다. 늘 약속을 잘 지키고, 상냥하고, 씩씩하던 사람이 지각을 하면 '무슨 사정이 있어서 그럴 거야'라고 생각하지만, 늘 무뚝뚝하고, 게으르고, 불친절하던 친구가 지각을 하면 '그 친구가 그렇지 뭐'라는 식의 반응을 보인다. 이를 스티븐 코비 박사는 '감정은행계좌'로 설명한다.

"사람을 만나게 되면 은행계좌를 만들 듯 두 사람 사이에 감정은행계좌가 만들어진다. 입금하는 행동을 많이 하면 잔고가 충분하지만 계속 인출만 하면 깡통계좌가 되어 별것 아닌 행동에도 날카로운 반응을 하게 된다."

메시지는 명확하다. 좋은 대인관계를 위해서는 감정계좌에 잔고를 충분히 만들어두라는 것이다. 두 사람 사이의 계좌 상태를 살펴보고 잔고가 충분치 않으면 입금활동을 열심히 해서 잔고를 확보해야 한다. 약속을 잘 지키는 것, 시간에 맞춰 나타나는 것, 늘 반갑게 인사하고 친절하게 대하는 것, 차 한 잔이라도 대접하려는 것, 잘 웃는 것… 이 모든 것이 입금하는 행동이다.

관계를 망치는 방법은 간단하다. 감정은행계좌를 마이너스로 만들면 된다. 이렇게 말이다.

불평을 밥 먹듯 하면 된다. 불평을 주업으로 삼는 사람들이 있다. 나는 이런 사람을 '컴플레이너(complainer)'라고 부른다. 이보다 더 불평을 잘하는 사람은 '컴플레이니스트(complainest)'이다. 불평이 입신의 경지에 이른 사람이다.

사람들은 왜 불평을 할까? 뭔가를 불평하는 건 불평하는 자신이 남들보다 좀 나아 보인다고 생각하기 때문이다. 큰 착각이다. 세상에 불평덩어리인 사람을 좋아하는 사람은 없다. 그들이 불평하는 이유는 불평거리를 없애기 위해 노력하는 것보다 불평을 하는 것이 더 쉽기 때문이다. 불평을 하는 데는 아무런 비용이 소요되지 않는다. 공부를 하거나 깊이 고민하거나 문헌조사를 할 필요가 없다. 그저 사람들을 모아놓고 생각나는 대로 맘에 들지 않는 부분에 대해 떠들면 된다.

하지만 불평을 한다고 세상이 바뀌지 않는다. 불평하는 사람이 세상을 바꾸지도 못한다. 사람들은 불평에 관심이 없다. 처음에는 호기심에 들어줄 수 있지만 불평이 반복되면 다들 그런 사람을 피할 것이다. 피곤하기 때문이다. 좋은 얘기도 자꾸 들으면 피곤한데 허구한 날 불평 얘기를 즐거운 마음으로 들어줄 사람은 없다. 나이 든 사람이나 지위가 높은 사람일 경우는 할 수 없이 듣고 있기는 하지만 가능하면 피하고 싶어 한다. 하루 종일 누군가의 불평을 들으며 산다고 상상해보라. 죽음이다. 불평은 대인관계를 해치는 최대의 적이다.

예전의 나는 불평으로 가득한 불평불만분자였다. 근데 지난 10년간은 거의 불평한 기억이 없다. 불평할 일이 생길 때마다 또 다른 내가 이렇게 속삭이기 때문이다.

"제발 불평하지 마라. 그런다고 세상은 달라지지 않는다. 네가 불평하는 대상 또한 변하지 않는다. 불평하는 너만 피곤하고 상하게 된다. 불평하는 대신 불평거리를 없애기 위해 뭔가를 하라."

험담도 관계를 악화시키는 적이다. 험담을 하면 당장은 후련하다. 누군가와 함께 다른 사람에 대해 뒷담화를 하다 보면 동지의식이 생기고 친해지는 것 같다. 가짜 우정이고 불량접착제다. 이렇게 만들어진 우정은 언제 어떻게 변할지 예측 불가하다. 오래가지도 못한다. 두 사람이 진정으로 좋아해서 생긴 감정이 아니라 공동의 적이 있어 일시적인 의기투합으로 만들어진 것이기 때문이다.

험담을 하면 피해자가 세 사람이다. 우선은 씹는 사람이다. 누군가를 씹을 때 최대 피해자는 바로 씹는 사람이다. 누군가를 씹으면 기분이 나빠지고 씹는 사람에 대한 평판 또한 나빠진다. 겉으로 대놓고 얘기하지는 않지만 씹히는 사람보다 더 부정적 평가를 듣게 된다. 둘째는 듣는 당사자다. 누군가를 씹는 얘기를 듣는 것은 고통스러운 일이다. 동조하기도 그렇고 동조 안 하기도 그렇다. 참 애매한 상황하다. 마지막은 씹히는 당사자이다. 험담은 어느 누구에게도 득이 될 게 없는 행위다.

강요(强要) 역시 대인관계를 해친다. 강요는 글자 그대로 강제로 요구하는 것이다. 상대는 하고 싶지 않은데 자꾸 하라고 요구하는 것이다. 술자리에서 이런 일이 자주 일어난다. 술병을 들고 돌아다니며 사람들에게 술을 강권하는 사람들이 있다. 술을 좋아하는 사람에게 권하는 건 괜찮지만 술을 못하는 사람에게까지 그러는 건 일종의 폭력이다.

나는 회식 전 이렇게 말한다.

"절대 술을 강요하지 맙시다. 우리 먹을 술도 없는데 왜 쓸데없이 술이 싫다는 사람에게까지 권합니까? 술 좋아하는 우리들이나 실컷 마셔요."

그러면 술을 안 하던 사람이 술을 달라고 하는 경우도 생기면서 분위기가 좋아진다. 나는 술을 좋아하지만 사람들에게 강요하지 않는다.

왜 사람들은 뭔가를 강요하는 걸까? 자기에게 좋은 것이 상대에게도 좋다고 착각하기 때문이다. 자기 생각은 옳고 상대 생각은 틀렸다고 생각하기 때문이다. 강요하는 걸 사랑으로 오해하기도 한다. 내가 생각하는 강요의 정의는 자기 생각을 남에게 억지로 주입하는 것인데, 교만의 다른 표현이다.

논쟁도 좋지 않다. 대인관계의 적이다. 세상에서 가장 쉽지만 영양가 없는 일이 쓸데없이 따지고 논쟁하는 것이다. 그런 식으로 누군가를 설득할 수도 없고 설득당하지도 않는다. 그게 인간이다. 설혹 겉으로는 설득당한 것처럼 보일지 몰라도 마음속으로는 자기 생각을 바꾸지 않는다. 쓸데없이 따지고 논쟁을 벌이는 것보다는 대세에 지장이 없으면 동의해주고 공감해주는 것이 좋다. 사사건건 딴죽을 거는 사람을 좋아할 사람은 없다. 늘 따지고 반대하는 사람은 상대의 자부심을 끌어내린다. 상대 의견에 토를 달고 논쟁하는 것은 그때마다 상대의 지식과 능력에 도전하는 것이다. 논쟁을 잘해서 얻을 수 있는 것은 별로 없다. 일시적으로 자신이 우월하다는 느낌 정도일 것이다. 반대로 상대의 말에 온화한 표정으로 동의해주면 그 사람은 높이 평가받고 존중받는다고 느낀다. 동의는 상대의 자부심을 높여준다.

불평하지 마라. 험담하지 마라. 강요하지 마라. 논쟁하지 마라. 관계의 적들만 멀리해도 좋은 관계를 만들 수 있다. 사람들과의 관계가 나쁜 사람은 지옥과 같은 고통 속에서 살 것이고 관계가 좋은 사람은 천국의 기쁨을 누릴 것이다.

그는 너무 인색했다

얼마 전 옛 친구에게서 전화가 왔다. 거의 20년 만에 온 전화다. 그동안 그 친구는 완전 두문불출하고 지냈다. 동창회에도 일절 나오지 않았다. 친구들과도 아무 연락이 없었다. 너무 뜻밖이라 "너 아직 살아 있었구나! 무슨 일이야?"라고 묻자 쑥스러운 듯 "시간 괜찮으면 밥이나 먹으러 호텔로 나와"라고 했다. "무슨 일인데?"라고 재차 묻자, "딸이 결혼하는데, 내가 사회활동을 안 해서 올 만한 사람이 별로 없어. 너라도 와서 자리를 빛내주라"고 한다. 이어 친했던 친구들 이름을 거명하며 연락을 해달라고 부탁한다. 알았다고 얘기하고 전화를 끊었다. 친했던 친구에게 그 얘기를 하자 시큰둥하게 반응한다. 옛 친구에게 문자로 그 친구 전화번호를 알려주며 직접 청첩을 하라고 얘기했는데, 답은 없었다.

돈을 많이 벌었는지 무척 호사스러운 결혼식이었다. 딸도 사위도 번듯하다. 하도 오랜만에 봐서 그런지 나도 그 친구도 어색하고 서먹하긴 마찬가지다. 아내와 함께 자리에 앉자 옛 친구 둘이 나타났다. 한 친구는 나타나자 마자 불평을 쏟아냈다.

"참 뻔뻔한 친구야. 30년 동안 연락 한 번 없더니 기껏 자식 결혼시킨다고 연락을 해. 참 기가 막히네. 내가 상 당했을 때 연락했는데 문상조차 안 오더라고."

저 친구가 전화를 했냐고 묻자 이렇게 답한다.

"전화는 무슨 전화? 자네가 전화해서 온 것뿐이야. 그러지 않았으면 오지 않았을 거야."

결혼식은 잘 진행되었다. 워낙 사회활동을 안 해서인지 내 또래의 아저씨는 별로 없었다. 대부분 아줌마들과 젊은 사람들이었다. 얼마 전 고교 동창회장을 지낸 친구 자녀의 결혼식이 완전 동창회였던 것과는 대조적이었다. 우리 셋이 그날 그 친구의 유일한 친구였던 셈이다.

집으로 돌아오면서 그 친구와의 여러 일들이 생각났다. 고교 시절 참 친했던 친구였다. 나는 공대를 가고 그 친구는 의대를 가면서 관계가 소원해졌다. 의사라는 직업에 엄청 큰 자부심을 갖고 공돌이 친구들과는 의도적으로 관계 맺기를 꺼리는 느낌을 받았었다. 결혼하고 유학 가면서 관계가 끊어졌다가 한국에서 직장생활을 하면서 다시 연이 닿았다. 그 친구는 당시 서울 근교에 병원을 차렸는데 엄청 잘됐다. 동창들 얘기에 의하면 하도 환자가 많아서 한꺼번에 10명씩 세워놓고 진료를 한다고 했다. 아마 그 동네 돈은 그 친구가 다 긁어모으고 있을 거라는 시기 섞인 소리까지 나왔다.

하지만 그는 너무 인색했다. 그렇게 돈을 많이 벌었지만 먼저 가면서 자기가 먹은 밥값만 달랑 내고 간 적도 있다. 전화를 할 때도 직접 하지 않고 늘 비서나 아내를 통해 했다. 마치 나를 아랫사람 취급하는 것 같았다. 그러면서 그는 친구들 사이에서 멀어져 갔다. 그리고 20년 만에 딸 결혼식에서 만난 것이다.

결혼식이 끝난 후 우리 테이블에 그 친구가 찾아왔다. 그리고 이런 얘기를 했다.

"몇 년 전 자식 하나를 잃었어. 근데 너희들만 알고 다른 사람에게는 얘기하지 마."

다들 충격을 받았다. 아무도 말을 하지 않았다.

결혼식에 함께 갔던 아내와 이런저런 이야기를 나누었다. 아내는 "험한 일을 당해서인지 얼굴은 좋지 않네요. 그래도 미안하고 고마운 마음에 조만간 친구들에게 밥을 같이 먹자고 하지 않을까요?"라고 말했지만, 나는 그럴 가능성은 없다는 쪽에 한 표를 던졌다. 아마 부모님 돌아가시면 연락을 해서 그때 보고, 그다음은 본인 혹은 내 장례식 때 한 사람은 살아서 또 한 사람은 죽어서 볼 것이라고 답을 했다.

인간관계는 화초 가꾸기와 닮았다. 아무리 좋았던 관계도 돌보지 않으면 황폐해지고 별것 아니던 관계도 잘 가꾸고 보살피면 화사하게 꽃을 피운다. 그 친구 결혼식에 다녀오면서 나도 많은 반성을 했다.

나는 무심한 성격이다. 친구들을 잘 챙기지 못한다. 딱 기본만 하는 스타일이다. 아마 그런 내 무심함 때문에 상처받은 이웃과 친구들이 있을 것이다. 지금부터라도 조금씩 성숙한 사람으로 살고 싶다. 사회적으로 건강한 사람이 되고 싶다. 적어도 내가 연락했을 때 친구로부터 "웬일이냐?"는 말은 듣고 싶지 않다.

그가 최악이라는 명백한 이유

최고경영자 과정에서 강의를 한 후 나를 초청한 분이 맥주나 한잔하자고 해서 호프집에 간 적이 있다. 어쩌다가 초면인 사람도 함께 가게 되었는데, 명함을 교환하며 인사를 나누고 보니 제법 큰 회사의 대표였다. 한눈에 봐도 기가 강해 보이는 사람이었다.

자리에 앉자마자 그는 검찰과 감독기관 때문에 힘들어죽겠다는 소리부터 꺼냈다. 돈줄이 막혀서 며칠 내로 부도처리될 것 같다며 대출도 안 되고, 유가증권 발행도 안 되고, 주가도 폭락해 방법이 없다면서 한숨을 쉬어가며 쉴 새 없이 푸념을 늘어놓았다. 그러면서 그동안 자기가 얼마나 열심히 사업을 꾸려왔는지, 정부기관에서 얼마나 자신을 괴롭혔는지, 그 때문에 자기가 얼마나 힘들었는지를 한 시간 이상 이야기했다.

참 난처했다. 초청한 지인과 회포를 풀러 왔다가 처음 만나는 사람으로부터 전후 사정도 모르는 채 하소연을 듣고 있자니 불편하기 짝이 없었다. 그래도 다른 방법이 없어 듣고 있었는데, 참다 못한 지인이 늦었다며 그만 가자고 해서 겨우 자리를 파할 수 있었다.

얼마나 답답하고 분했으면 모르는 사람에게 저렇게 하소연을 할까 하는 생각이 들면서도 한편으로는 그 사람 때문에 소중한 저녁시간을 망쳤다는 게 너무 속상했다. 나는 집에 오자마자 완전히 파김치가 되었다. 양치질할 기운조차 남아 있지 않았다. 그 사람의 화를 다 뒤집어쓴 느낌이었다.

'버럭'이란 별명을 가진 사람이 있다. 시도 때도 없이 버럭 화를 내기 때문에 붙여진 별명이다. 인물도 좋고 학력도 화려해서 겉으로는 아무런 하자가 없어 보이지만, 얼마간 지내보면 그가 얼마나 예민하고 화내는 기준이 남다른 사람인지를 알 수 있다. 보통 사람들은 그냥 넘어갈 수 있는 대수롭지 않은 일도 불같이 화를 낸다. 그런데 당사자에게 직접 화를 내지 않기 때문에 당사자는 그가 화났다는 사실을 모른다. 주로 주변 사람들에게 누구 때문에 화가 났다고 시시콜콜 얘기한다. 얘기를 하면서 동의를 구하고 그러면서 점점 화에 가속이 붙는다. 한 사람에게만 털어놓는 게 아니라 동의해줄 만한 사람들을 찾아 다니며 똑같은 과정을 반복한다. 처음엔 멋도 모르고 호응해주다가 두 세 번 듣다 보면 그와 말을 하기가 겁이 난다. 그 사람의 화에 전염되고 싶지 않기 때문이다.

왜 사람들은 화를 낼까? 화를 낸다고 달라지는 것이 있을까? 화는 자신의 삶이 마음에 들지 않을 때 일어난다. 내가 이 정도밖에 안 되는 인간인가를 생각하면 견딜 수 없다. 별것 아닌 일에도 화를 낸다. 이미 자기 자신에게 화가 나 있는 상태이기 때문이다. 이런 종류의 화는 오래간다. 자신감이 생겨야 비로소 사라진다.

교만이 화를 내게 만들기도 한다. 자신을 대단한 사람으로 생각하면 화낼 일이 많아진다. 눈이 나빠 몰라본 직원에게 인사를 안 한다며 화를 낸다. '감히 윗사람을 몰라봐?' 모임에서 소개를 안 하거나 한마디 할 기회를 주지 않아도 화를 낸다. '감히 나를 몰라보고 지들끼리 놀아?' 마중을 나오지 않는다고, 잽싸게 답을 하지 않는다고, 상석으로 안내하지 않는다고 화를 낸다. 어딜 가나 화낼 일투성이다. 소위 '힘'을 가졌다는 사람들 중에 그런 유형이 많다. 특히 어설픈 사람이 높은 자리에 올라가거나 자격이 안 되는 사람이 권력을 쥐는 경우 이런 일이 흔히 벌어진다.

사명감을 가지고 화내는 사람도 있다. 저렇게 지질한 것들은 혼을 내서 개조해야 한다고 생각한다. 나는 괜찮은데 상대가 마음에 들지 않으니 화를 낼 수밖에 없다. 사람들이 흔히 쓰는 속된 표현도 참기 어렵다. 그는 자신을 제외한 모든 것이 마음에 들지 않는다.

누구는 화낼 일이 많고, 누구는 그럴 일이 없는 걸까? 그렇지 않다. 누구나 겪는 일들은 크게 다르지 않다. 같은 상황에서 화를 내느냐 내지 않느냐는 오로지 나의 선택이다. 별것 아닌 일에 불같이 화를 낼 수도 있고, 뭔가 사정이 있겠지 하면서 넘어갈 수도 있다. **화가 나는 것과 화를 내는 것은 차원이 다르다. 설사 화가 나는 상황이더라도 함부로 드러내는 것은 미숙한 인격**

을 보여주는 것과 다름없다. 또한 화를 낼 권리는 누구에게도 없다. 왜 상대가 당신의 화를 뒤집어써야 하는가.

화를 내는 건 누구에게도 도움이 되지 않는다. 누구보다 본인이 가장 큰 손해를 본다. 눈에 보이는 것도, 귀에 들리는 것도 없어 실수할 가능성이 높다. 화를 뒤집어쓴 상대는 물론 주변 사람들도 불쾌한 감정에 휩싸여 일을 그르칠 수 있다.

화가 날 때는 리더십의 대가 스티븐 코비 박사의 3단계(STC)를 생각하는 것이 도움이 된다. 화나는 상황이 벌어졌을 때 잠시 정지하고(Stop), 생각하고(Think), 선택(Choose)하는 것이다. 그러면서 차분하게 대응하는 것이다. 이게 주도성이다. 벌어진 일을 당장 어떻게 할 수는 없더라도 그것을 어떻게 받아들일 것인가는 내가 결정할 수 있다.

인도의 라다크족에서 사람에 대한 가장 나쁜 평가는 '화를 잘 내는 사람'이다. 화를 잘 내는 사람은 미숙한 사람으로 보기 때문이다. 나 역시 그런 사람을 멀리하려고 한다. 당신은 어떤가?

다시는 보고 싶지 않은 사람

예전 회사에서 함께 일했던 사람들의 OB모임이 있는데, 그중 하나는 전무급 이상만을 대상으로 한다. 처음에는 소수로 시작했지만 소문이 나면서 점차 사람이 늘었고 조건도 엄격해졌다. 모임에 들어가려면 누군가의 추천을 받아야 하고, 전원이 찬성해야만 한다. 한 명이라도 반대하면 들어갈 수 없다. 그렇게 가입 조건을 까다롭게 한 이유가 뭔지를 물었더니 한 사람이 이렇게 말해준다.

"몇몇 사람들의 입회를 막기 위한 조건입니다."

그 말을 들으면서 나도 웃고 그도 웃었다. 그들이 누군지는 당시에 회사를 다닌 사람들은 다 안다. 그만큼 사람들을 힘들게 했던 것이다. 별것 아닌 일로 몇 시간씩 사람을 괴롭히고, 무엇 하나도 그냥 넘어가지 않았다. 일하는 방식이 유별났다고 말하는 사람도 있었지만, 직간접적으로 당해본 사람들은 다시는 그들을 보고 싶어 하지 않았다. 나도 그랬다. 그들 중 한두 사람을 길에서 우연히 만난 적이 있는데 나도 모르게 외면하고 말았다.

신경질적이고 까다로운 사람이 있다. 무슨 일에서건 꼬투리를 잡는다. 자기 안테나에 걸리면 뭐든 꼭 짚고 넘어가야 직성이 풀린다. 그렇게 하는 것에 쾌감을 느끼는 것 같다. 식당에 가서도 조미료를 많이 썼네, 생선회가 신선하지 않네, 조명이 너무 밝아 식욕이 떨어지네, 직원이 불친절하다며 온갖 트집을 잡는다. 집들이 가서도 음식평론가가 따로 없다. 짜니, 시니, 덜 익었느니 하면서 음식을 준비한 사람을 무안하게 한다. 식당 선정도 함부로 할 수 없다. 기름진 중식은 소화가 안 되어 싫고, 날것도 별로 좋아하지 않아 일식도 사절이고, 이렇게 차 떼고 포 떼면 남는 건 한식뿐이다. 시끄러워도 안 되고, 양이 많아도 적어도 안 되고, 비싸도 싸도 안 된다고 하니 정말 갈 곳이 마땅치 않다. 이런 사람이 있으면 신경이 쓰이고 불편하다. 당연히 그와의 만남을 꺼리게 된다.

그런데 **그들은 왜 그리 까다로울까? 태생적인 면도 있겠지만 까다롭게 구는 걸 통해 자신이 다른 사람보다 낫다는 걸 증명하려는 건 아닐까?** 나는 그렇게 호락호락한 사람이 아니다, 나를 만만하게 보지 말라는 걸 알리고 싶은 게 아닐까? 다른 사람들은 어떨까? 그를 보면서 대단한 사람이라고 생각할까? 그럴 리 만무하다. 어딜 가도 환영받지 못하고 아무도 찾지 않는 기피 대상이 될 뿐이다. 전문용어로 이런 사람을 '진상'이라고 부른다.

나는 선선한 사람을 지향한다. '쉬운' 남자가 되는 게 목표라고 농반진반 얘기하는데 진심이다. 쉬운 남자가 되고 싶다. 쉬운 남자를 넘어 편한 남자가 되고 싶다.

집에서는 오래전에 이 목표를 이루었다. 쉬운 남편, 편한 아빠를 넘어 '우스운' 남자가 되었다. 우리 집안에 새로 들어온 사위들에게도 편한 사람이 되려고 노력한다. 격식을 차려야 하는 어렵고 뻘쭘한 사이보다 무슨 얘기든 편하게 꺼낼 수 있는 관계이고 싶다. 제일 큰 바람은 새로 태어난 손자에게 편하고 푸근한 할아버지가 되는 것이다. 조금씩 목표를 이루어나가는 중이다. 나만 보면 손을 뻗어 안기려고 하고 엄마나 할머니에게 하지 않는 행동을 하기도 한다. 아무래도 그 어린것이 벌써 내가 쉬운 남자란 걸 눈치챈 것 같다.

친구보다 적을 관리하라

체질적으로 싫어하는 드라마가 있다. 집안끼리 수준이 맞지 않아 결혼을 둘러싸고 진흙탕 싸움을 벌이는 드라마다. 너무 뻔하고 지루하다. 대부분 한쪽은 엄청난 부자고 다른 쪽은 찢어지게 가난하다. 둘이 우연히 만나 사랑에 빠지는데 나중에 이를 알게 된 부모가 결사 반대를 한다. 반대도 이런 반대가 없다. 인간이 생각할 수 있는 모든 추악한 방법을 동원해 상대를 괴롭힌다. 남자 쪽이 잘사는 경우에는 남자의 엄마가 여자를 대상으로 온갖 못된 짓을 벌인다. 몰래 만나서 협박도 하고 돈을 쥐어주기도 한다. 그래도 말을 듣지 않으면 물을 끼얹고 귀싸대기도 날린다. 급기야 여자 집까지 찾아가 결혼을 절대 허락할 수 없다며 막말도 서슴지 않는다. 자식 결혼이 아니라 본인 결혼인 것 같다. 아들의 결혼보다 중요한 건 세상에 없는 것 같다.

그런가 하면 여자는 너무 착하고 순수하다. 대들지도 않고 자신이 당한 얘기를 남자에게 말하지 않는다. 혼자서 끙끙 앓기만 한다. 그러다가 아무런 말도 없이 연락을 끊고 잠적한다.

남자는 대부분 눈치가 없거나 멍청하다. 자기 엄마가 그런 사람이란 걸 모르는 건지, 모르는 척하는 건지 알 수가 없다. 아무튼 여자가 종적을 감췄다는 사실을 알게 된 그는 여자를 찾아 헤맨다. 여기서 남자는 대개 특별한 직업이 없거나 있더라도 아버지 회사의 기획실장이라 며칠 빠져도 상관이 없다. 아무것도 안 하면서 여자 찾기에 올인한다.

한동안 그런 상황이 전개되다가 갑자기 사고가 터진다. 주로 교통사고가 발생하고 여자는 병원에서 수술을 받는다. 소식을 접한 남자는 달려가 수술실 앞에서 울고불고 난리를 치면서 그녀가 다시 깨어나길 기도한다. 여자가 죽는 경우는 드물다. 대부분 건강을 되찾거나 간혹 기억을 상실하기도 한다. 어쨌든 이런 과정을 겪으면서 남자의 엄마가 갑자기 착해지거나 태도를 바꾼다. 드라마가 끝나가는 신호다. 결국 둘의 결혼을 허락하고 식을 올리는 장면으로 드라마는 행복한 결말을 맺는다.

이때 궁금한 게 있다. 그렇게 반대를 무릅쓰고 결혼한 이후의 스토리다. 그렇게 상처를 많이 받은 여자가 어떤 감정을 갖게 될까? 결혼을 허락해준 시부모에게 고맙다고 생각할까? 시부모는 그렇게 반대하던 여자를 며느리로 맞았는데 좋은 감정이 새록새록 생길까? 고부간의 관계는 어떻게 전개될까? 나는 두 남녀의 결혼생활이 원만치 않을 거라는 쪽에 한 표를 던진다.

김범준 성균관대 물리학과 교수는 원래 통계물리학이 전공인데 이를 사회학에 응용하여 재미난 분석을 했다. 그의 실험이다.

100명쯤 되는 조직에서 직원들에게 좋아하는 사람 5명, 싫어하는 사람 5명을 고르게 한 다음 나온 데이터를 바탕으로 다양한 분석을 시도했다. 결과는 이랬다. 직원들 대부분이 싫어하는 사람이 5명쯤 있다. 그중 어떤 사람은 무려 80%의 직원들이 싫어한다. 거의 모두가 싫어하는 것이다. 많은 직원들이 공통적으로 좋아하는 사람도 있다. 5년 후 동일한 조직을 대상으로 같은 실험을 진행했는데, 좋아하던 사람을 싫어하게 된 경우가 5명쯤 있었던 데 비해 싫어하던 사람과 관계가 개선된 경우는 단 한 명도 없었다. 친구는 적이 될 수 있지만, 적은 친구가 될 수 없다는 결론이다.

나는 이 결론에 동의한다. 친한 사이끼리 사업을 하다가 적이 되는 경우는 많지만, 서로 미워하다가 친구가 되는 경우는 거의 없다. 어떤 이유에서건 한 번 싫으면 영원히 싫다. 싫은 사람이 좋아지는 경우는 찾아보기 힘들다.

당신의 인맥은 어떤가? 친구의 숫자 대신 적의 숫자를 헤아려본 적이 있는가? 많은 사람들이 적에 대해서는 알려고 하지 않는다. 하지만 하나만 알고 둘은 모르는 처사다. 친구보다 적이 더 중요할 수 있다. **친구 덕분에 성공하는 사람은 별로 없지만, 적 때문에 실패하는 사람은 많다. 우리가 정말 관심을 가지고 관리해야 할 사람은 나를 미워하는 이들이다.** 직위가 올라갈수록, 나이가 들수록 더 그렇다.

그들을 어떻게 관리하면 좋을까? 오해는 풀고 잘못은 사과하면 된다. 예의와 친절을 갖추는 것도 중요하다. 무엇보다 그의 내면에 깃든 '욕구'에 초점을 맞출 필요가 있다. 겉으로 드러난 말과 행동이 아닌 내면의 숨은 욕구에 주목하면 적의 마음을 읽을 수 있고, 관계가 더 나빠지지 않게 만들 수 있다. 나를 좋아하게 만들 수는 없을지 몰라도 적어도 내게 해를 끼치지 않게 할 수는 있다.

모든 사람과 좋은 관계를 유지할 수는 없지만 모든 사람에게 친절할 수는 있다. 좋은 인맥을 쌓는 것도 중요하지만, 나를 미워하는 사람의 숫자를 줄이는 일도 그에 못지않게 중요하다. 적을 만들지 말아야 한다.

5

더불어 성장하는 관계는 어떻게 가능한가

비슷한 일을 하는 사람들의 모임보다는
다양한 일을 하는 사람들의 모임이 생산적이다.
서로가 서로에게 위로가 되는 모임보다는
서로에게 자극이 되는 모임이 사람을 성장하게 한다.

그 사람을 생각하면 눈물이 난다

내게 어떤 일이 닥쳐도 늘 내 편에서 나를 굳건히 지지할 사람으로 누가 있을까를 가끔 생각해본다. 어려운 일이 생기면 누구에게 가장 먼저 연락할까? 어떤 오해를 받더라도 나를 믿어줄 사람은 누구일까?

그럴 때마다 떠오르는 사람이 있다. 바로 홍석화 공장(工匠)이다. 그는 나보다 연배가 높지만 편하고 스스럼없이 지냈다. 그를 생각하면 항상 마음이 따스해진다. 만나면 진정으로 반가워하고 무엇이건 주지 못해 안타까워했다. 나도 그랬다. 우리는 누구보다 서로를 아끼고 위하는 그런 사이였다.

그를 처음 만난 것은 대우자동차 공장에서 근무할 때였다. 연구소에서 근무하다가 불량률을 획기적으로 개선하라는 미션을 받고 이동한 생산부서에서 만났다. 그는 당시 태스크포스 팀장을 맡고 있었는데 말만 팀장이지 한직이었다. 리더십이 부족하다는 이유로 현업에서 물러난, 한마디로 물먹은 상태였다. 하지만 현장에 처음 나간 나로서는 이것저것 따질 입장이 아니어서 감사한 마음으로 그와 호흡을 맞추기 위해 노력했다. 공장의 현황에 대해 이것저것 물어보고 그와 파트너가 되어 공장을 샅샅이 훑어보면서 불량의 근본 원인을 발견하기 위해 애썼다.

그는 현장 경험은 많았지만 배움이 짧아 이론적인 전문성은 약했다. 하지만 문제점을 꿰뚫어보는 통찰력이 있었고 직원들과 밀착되어 있어 그를 통해 현장의 생생한 목소리를 들을 수 있었다. 사람 보는 눈도 밝아 사람 관련 정보를 많이 알려주었다. 늘 잘될 거라며 나를 위로했고 어려운 주문도 척척 해결했다. 부지런하고 긍정적이었으며, 무엇보다 피드백이 빨라 성격이 급한 나와 궁합이 잘 맞았다.

한번은 불량의 제1 원인인 먼지를 줄이기 위해 헝겊 재질을 바꾸기로 했는데, 그는 새벽부터 출근해서 결과를 확인하고 일목요연하게 알려주었다. 좋은 점은 무엇이고 문제점은 무엇인지 알기 쉽게 피드백을 해주니 일하기가 무척 수월했다. 새벽부터 밤늦게까지 공장을 누비면서 현황과 문제점, 개선 상황, 직원들의 애로사항을 파악해서 들려주었다. 실행력도 뛰어나 무언가를 만들어달라고 주문하면 대부분 이틀 안에 결과를 보여주었다. 그 덕분에 불량률은 획기적으로 개선되었고 나는 다시 다른 부서로 전근되었다. 그래도 인연은 계속되었다.

내가 회사를 그만두었을 때 가장 가슴 아파한 사람도 홍 공장이었다. 자유인이 되어 경제적으로 정신적으로 힘들었을 때 나를 찾아와 격려해준 사람도 홍 공장이었다. 오랜 세월이 흘렀지만 그때 그가 한 말은 지금도 잊지 못한다.

"힘드시죠. 지금은 힘들지만 분명 이사님은 성공할 겁니다. 이사님 같은 분이 잘 안 되면 대한민국에서 잘될 사람이 누가 있습니까?"

대기업의 임원 자리에서 물러나 방향을 못 잡고 어려워하던 내게 그의 말 한마디는 아주 큰 힘이 되었다. 나는 속으로 다짐했다.

'그래. 나를 저렇게 믿고 응원해주는 사람이 있는데 내가 여기서 쓰러지면 안 되지. 다시 한 번 잘해보자!'

상대가 내게 어떤 존재인지 어떻게 알 수 있을까? 내가 어려움에 빠지면 알게 된다. 높은 자리에 있을 때는 들끓던 사람들도 내려오면 썰물 빠지듯 빠져나간다. 그게 세상의 인심이다. 회사에서 나온 후 맞게 된 첫 명절에서 홍 공장이 사과 한 상자를 들고 집에 찾아왔다. 얼마나 고마운지 잊을 수가 없다.

홍 공장을 생각하면 추사 김정희의 '세한도(歲寒圖)'가 생각난다. 귀양살이 하는 자신을 찾아온 제자 이상적을 위해 제주도에서 그린 그림이다. 거기에 이런 글귀가 있다.

> 歲寒然後 知松柏之後凋也(세한연후 지송백지후조야)
>
> 날이 추워진 후에야 소나무와 잣나무가 늦게 시듦을 알 수 있다

어려울 때 찾아오는 사람이 진짜다.

이후 작은 회사로 옮긴 나는 그를 다시 모셔왔다. 나이가 들어 은퇴했지만 건강한 그가 노는 것은 사회적 낭비라고 생각했기 때문이다. 그는 차를 운전하고 물건을 옮기는 일을 맡았다. 최선을 다했고 직원들의 존경을 받았다. 게으름을 피우거나 회사에 대해 불만을 터뜨리는 직원들에게 쓴소리도 마다하지 않았다. 그러다가 내가 회사를 나오면서 그도 같이 나왔다. 자주 만나지는 못했지만 가정의 대소사는 꼭 챙겼다.

어느 날 홍 공장이 전화를 했다. 그런데 목소리가 낯설었다. 홍 공장의 아들이었다. 순간 불길한 예감이 엄습했다. "아버지가 그저께 갑자기 쓰러지셨는데 하루 만에 돌아가셨다"고 했다. 하늘이 노래졌다. 눈물이 났다. 가슴이 무너지는 것 같았다. 어떻게 그럴 수 있는가? 다음 달에 예전 동료들과의 식사 자리를 마련하겠다고 말하고는 어찌 그리 허망하게 가신단 말인가?

그분이 떠난 지 몇 년이 지났지만 나는 아직도 그 사실이 믿기지 않는다. 금방이라도 "이사님~" 하면서 문을 열고 들어올 것만 같다. 홍 공장을 생각하면 지금도 눈물이 난다. 그분은 돌아가셨지만 아직도 내 가슴에 살아 있다. 그를 기억하는 한 그는 죽은 것이 아니다.

인맥의 최선

중국어를 공부할 때의 일이다. 중국어 고유의 묘미도 좋았지만 중국인들의 생활을 들여다보는 재미가 쏠쏠했다. 그중 하나가 많이 알려진 관시(關係)다.

관시란 본질적으로 이너 서클(inner circle)이다. 그들은 사람을 둘로 구분한다. 관시 속에 들어온 사람과 그렇지 않은 사람이다. 그 속에 들어가기가 쉽지 않지만 일단 관시를 맺게 되면 모든 일이 순조로워진다. 부탁을 하거나 들어주기가 수월하다. 그렇기 때문에 목숨을 걸고 관시를 만들고 유지하려 한다. 그런데 관시를 만들 때 필요한 게 있다. 줄 게 있어야 한다. 관시는 단순히 만남의 문제가 아니다. 내가 줄 게 있고 상대도 줄 게 있어야 만들어진다. 관시의 본질은 주고받음이다.

우리도 다르지 않다. 줄 게 있어야 받을 수 있다. 그런데 모임에 가보면 받으려고만 하는 사람이 제법 있다. 줄 건 없으면서 얻어가려는 사람들로 차고 넘친다. 그런 사람들은 자기 사업에 도움이 될 만한 사람과 친교를 맺는 것에만 골몰한다. 그런 식의 친교는 한계가 있다. 도움만 취하려는 사람을 누가 좋아하겠는가. 좋은 관시를 위해서는 먼저 나부터 줄 게 있어야 한다. 돈이건, 기회건, 지혜건 상대에게 줄 수 있어야 한다. 그러면 사람들이 주변에 모여든다. 아무리 열심히 모임을 쫓아다녀도 줄 게 없으면 죽도 밥도 아닌 빈 쭉정이뿐인 관계만 남는다.

'가난하면 번잡한 곳에 살아도 찾는 사람이 없고, 돈이 있으면 산속에 살아도 친척이 찾아온다.'

중국 속담이다.

당신이 생각하는 이상적인 인맥은 어떤 것인가? 내가 생각하는 인맥은 이렇다.

나는 과거지향적인 관계보다 미래지향적인 관계를 선호한다. 그런데 동창회나 OB모임은 태생적으로 과거지향적이다. 나이가 들수록 과거를 그리워하는 건 인지상정이고 나도 그렇다. 과거를 중심으로 돌아갈 수밖에 없다. 내가 지난 여름에 한 일을 알고 있는 사람들이 모인다. 재미가 있지만 그렇게 생산적이지 않다. 자연히 모임에 가는 횟수를 줄이게 된다.

나는 호형호제하는 모임도 좋아하지 않는다. 같은 학교를 나왔다는 이유로, 나보다 몇 년 선후배란 이유로 만나자마자 말을 놓는데 불편하다. 처음 보는 중년의 아저씨가 선배라는 이유로 대뜸 형이라고 부르는 것도 편치 않다. 형으로 불리는 순간 무언가를 해줘야 할 것 같고, 그가 무리한 요구를 할 것 같은 예감이 든다. 격식을 차리지 않아도 좋다고 생각하는 사람들이 많은데, 나는 그런 거친 모임에 거부감이 든다. 친할수록 예의를 갖추는 관계가 좋다. 매일 전화하고 자주 만나는 관계도 내키지 않는다. 자주 만난다고 더 친해지고 못 본다고 친해지지 않는 것도 아니다. 사람과 사람 사이는 거리가 있어야 그리움도 생기고 궁금한 것도 생기고 서로를 통해 발전할 수 있다.

내가 좋아하는 모임은 미래지향적인 모임이다. 앞으로 뭔가를 함께 해보고 싶은 사람들과의 모임이 좋다. 무언가를 배우거나, 같이 여행을 하거나, 취미가 비슷하거나 해야 한다. 그런 활동을 통해 관계가 옆으로 점점 더 퍼져나갈 수 있어야 한다. 새로운 사람을 알게 되고, 내가 아는 사람을 누군가에게 소개하고, 그의 모임에 내가 참여하면서 관계의 폭이 넓어지고 발전하는 그런 모임이 좋다.

내가 제일 좋아하는 모임은 지적 교류가 일어나는 모임이다. 같이 책을 읽고, 공동의 이슈에 대해 의견을 나누고, 무언가를 함께 배울 수 있는 모임이 좋다. 책을 읽고 글을 쓰는 사람들의 모임에는 기꺼이 참여한다. 타이틀을 정해서 만나는 건 아니지만 그런 사람들을 만나면 술 없이도 몇 시간씩 신이 나서 이야기를 나누게 된다. 만남 후에도 아이디어가 떠오르고 에너지가 충만해진 느낌이 든다.

모임은 남탕이나 여탕처럼 같은 성끼리의 모임보다는 다른 성과의 혼탕 모임이 낫다. 경로당처럼 비슷한 연배의 사람들만 있는 것보다는 노소가 섞인 모임이 흥미롭다. **비슷한 일을 하는 사람들의 모임보다는 다양한 일을 하는**

사람들의 모임이 생산적이다. 서로가 서로에게 위로가 되는 모임보다는 서로에게 자극이 되는 모임이 사람을 성장하게 한다.

현재 당신은 어떤 종류의 모임을 갖고 있는가? 어떤 종류의 모임을 좋아하는가?

남자를 살리는 여자, 죽이는 여자

인물이 좋고 매력적인 사람이 있다. 본인도 알고 주변 사람들도 인정하는 사실이다. 그 덕분에 괜찮은 사람을 만나 잘 먹고 잘 살아왔다. 그런데 남편의 사업에 문제가 생기면서 애정 전선에 금이 가기 시작했다. 불만이 생긴 그녀는 입만 열면 남편 흉을 봤다.

"그때 나를 그렇게 쫓아다니던 사람과 결혼해야 했어. 지금도 내가 좋다는 사람이 줄을 섰는데 어쩌자고 이 인간과 엮여서 내 인생이 이렇게 꼬였나 몰라."

결국 이혼해서 혼자 살고 있는데, 환갑을 앞둔 지금도 그 레퍼토리에 변함이 없다. 남편을 잘못 만나 자기 인생이 망가졌다는 것이다. 참으로 딱한 사람이다.

내가 볼 때 그 남편은 절대 이상한 사람이 아니다. 제법 괜찮은 사람이다.

물려받은 재산도 있고 성격도 좋고 능력도 있었다. 다 괜찮았는데 사업을 하다가 잘 되지 않아 일시적으로 어려움을 겪게 되었을 뿐이다. 그런데 아내가 그걸 견디지 못했던 것이다.

문제는 아내였다. 조금만 어려워도 징징대며 남편을 잡는데 세상에 어떤 남자가 그걸 견디겠는가.

세상의 모든 관계는 상대적이다. 관계에 문제가 생기는 건 한 사람만의 잘못이 아니다. 특히 부부의 문제가 그렇다.

부부는 대부분 서로의 선택으로 만들어진 관계다. 누가 등을 떠밀어서 억지로 부부가 된 경우는 드물다. 만나보고 사귀면서 그만하면 괜찮을 것 같아 결혼까지 하게 된 것이다. 당연히 살아가면서 상대에게 맞출 것은 맞추고 받아들일 것은 받아들이면서 관계를 발전시켜야 한다. 그런데 상대를 억지로 바꾸려 하고, 없는 것을 내놓으라며 무리한 요구를 서슴지 않는다.

사람은 계속 변화하고 성장한다. 세월이 흐르면서 관계도 변하고 그에 따라 사람도 달라진다. 부부도 다르지 않다. 누구를 만나 어떤 관계를 맺느냐에 따라 한 사람의 인생이 달라진다. 평범했던 남편도 아내가 지극정성을 기울이면 제법 괜찮은 사람이 되고, 탁월했던 사람도 아내가 무시하고 들들 볶으면 지질한 남자가 된다. 아내도 마찬가지다. 남편이 어떻게 대우하느냐에 따라 피기도 하고 지기도 한다. 사람은 본질적으로 바뀌지 않는다고 하지만, 서로에게 영향을 주고받으면서 변하는 게 부부의 관계다.

그런데도 배우자를 제멋대로 대하는 사람들이 있다. 삶이 만족스럽지 않으면 곧잘 상대 탓으로 돌린다. 왜 그럴까? 그렇게라도 해서 누군가에게 화살을 돌려야 마음이 편하기 때문이다. 자기 탓은 하고 싶지 않은 것이다. 상대 탓을 해야 자신은 괜찮은 사람으로 남을 수 있기 때문이다. 착각도 그런 착각이 없다. 사실 배우자를 탓하는 순간 자신은 더 못난 인간으로 전락하게 된다. '누워서 침 뱉기'란 속담이 바로 그런 경우를 가리킨다. 이런 사람에게 빌 클린턴 미국 대통령과 그의 부인 힐러리에 관한 유머를 들려주고 싶다.

드라이브를 하던 두 사람이 기름을 넣으러 주유소에 갔다. 근데 기름을 넣어주는 사람이 힐러리가 예전에 사귀었던 남자 친구였다. 둘은 반갑게 인사를 했다. 기름을 넣고 돌아가던 차 안에서 클린턴이 말했다.

"당신이 저 친구와 결혼했다면 어떻게 되었을까?"

이 질문에 힐러리가 답했다.

"아마 저 친구가 대통령이 됐겠지."

농담이지만 뼈가 있다. 사실 클린턴이 대통령이 된 것은 힐러리의 공이 컸다. 힐러리가 아니었다면 클린턴은 대통령의 자리에 오르지 못했을 것이다. 이는 두 사람에게만 해당되는 이야기가 아니다. 부자들의 사주를 보면 당사자보다 아내의 사주에 돈이 많다고 한다. 나는 일리가 있다고 본다. 잘되는 남자들을 보면 아내의 덕인 경우가 많다.

나는 결혼 전에 처복이 있다는 이야기를 많이 들었다. 그런데 결혼을 하고 보니 지극히 평범한 집안의 딸이다. 속으로 '처복은 무슨 처복?'이라고 생각했다. 지금은 다르다. 나는 처복이 많은 사람이다. 젊은 시절의 나는 까칠하고 신경질적이고 불평불만이 많은 위인이었다. 공부는 좀 했지만 인간으로

서는 문제가 있었다. 하지만 아내 덕분에 많이 개선되었다. 아내는 균형감각이 있다. 포용력이 있고 안정감이 있다. 주변 사람들에게도 잘 베푼다. 그런 아내에게서 많이 배운다. 나 자신이 조금씩 괜찮은 사람으로 변한다는 걸 느끼게 된다.

당신의 삶은 어떤가? 배우자 덕분에 삶이 나아지고 있는가, 아니면 꼬이고 있는가? 당신은 배우자에게 어떤 대우를 받고 있는가?

사람은 누구를 만나느냐에 따라 삶이 달라진다. 남자는 여자 하기 나름이고, 여자 역시 남자 하기 나름이다. 만고불변의 진리다.

행복은 관계로부터, 관계는 인사로부터

나는 태생적으로 무심한 사람이다. 가족들과 잘 지내는 편이고 세상에 둘도 없는 아빠이고 남편이지만, 집에 있을 때뿐이다. 밖에서는 생전 전화 한 통 하지 않고 문자도 보내지 않는다. 가족 단톡방에도 들어가지 않는다. 출장을 가서도 마찬가지다. 그래서 집에서는 가족이지만 밖에만 나가면 남이라는 놀림을 받는다. '남의 편이 남편'이란 얘기도 듣는다. 혼자 사시는 노모도 비슷한 불만을 털어놓으신다. 동생은 수시로 전화해서 어머니를 챙기는데 장남인 나는 전화 한 통 없기 때문이다. 물론 가끔 들러 장도 봐드리고 말벗도 해드리고 용돈도 드리지만 그때뿐이다. 눈앞에 있을 때는 최선을 다하지만 떨어져 있을 때는 잊고 사는 편이다.

친구들과도 그렇게 지낸다. 친구들이 대부분 높은 자리에 있어 통화하기가 쉽지 않지만, 가끔 통화할 일이 있어도 용건만 얘기한다. "그날 시간 괜찮아? 함께 라운딩할까?" 같은 필요한 말만 하고 끊는다. 시간이 맞으면 장소를 잡고, 중간에 확인하는 일은 없다. 약속한 날 클럽하우스에서 만나 밥을 먹고 골프를 친다. 서로 가족 얘기는 잘 꺼내지 않는다. 주로 회사, 건강, 골프 이야기를 나눈다. 그래도 이심전심이라 아쉬운 것도 섭섭한 것도 없다. 나도 그렇기 때문에 친구들이 그러는 것을 이해한다. 오랫동안 그렇게 살아왔다.

종종 친구들로부터 경조사 관련 소식을 받는데, 나름의 대응 원칙을 갖고 있다. 장례식은 되도록 가려고 한다. 결혼식은 장례식보다는 덜 가고 대신 축의금을 보낸다. 그런데 경조사를 치른 후 보이는 사람들의 행동은 많이 다르다. 대부분 별 말이 없다. 나도 그랬다. 그걸 당연하게 생각했다. 어떤 이들은 문자나 편지로 고맙다는 말을 전한다. 그걸 보면 그곳에 갔었던 기억이 잠시 떠오른다.

고교 동창 한 명이 전화를 했다. "와줘서 고맙다. 덕분에 잘 치렀다"면서 자연스럽게 근황을 주고받았다. 예전에 컨설팅 등으로 자주 만났었는데 그런 공통분모가 사라지면서 만남이 뜸했던 친구였다. 아내와 사별하고 얼마 전 딸을 결혼시켰는데, 두 번 다 참석했다. 통화하면서 새로 결혼했다는 사실을 알게 되었다. 사업이 예전 같지는 않지만 그래도 밥 먹고 사는 데는 지장이 없다는 말도 들었다.

평소 친하게 지내는 친구도 비슷하게 행동했다. 상을 당했다기에 달리 표현할 길이 없어 부조를 좀 많이 했다. 친구가 전화해서 "너, 왜 이렇게 무리를 했어? 다음에 일 있을 때 웬수를 갚겠다"며 기쁘게 따져 물었다. 통화를 하면서 가슴 깊숙한 곳에서 따뜻한 그 무엇이 올라오는 것을 느꼈다. 친구가 고마웠다. 그런 친구가 존재한다는 사실이 기뻤다. 다음엔 더 잘해야겠다는 마음이 들었다.

미국 하버드대에서 75년간 추적조사를 한 결과를 발표했다. '행복한 사람들은 무엇이 다른가?'에 대한 것이었다. 결과는 돈도 아니고 명예도 아니었다. 바로 관계였다. 사람들과의 관계가 좋은 사람들이 행복하다는 것이다. 다음은 관계의 질이다. 관계가 넓은 게 중요한 게 아니라 깊고 충만한 게 좋다는 것이다. 그런 관계가 건강과 행복에 큰 영향을 미친다는 것이다.

관계가 좋아지려면 어떤 노력이 필요할까? 당연히 관리를 잘해야 한다. 아무리 친했던 친구라도 관리하지 않으면 멀어지고, 관계가 소원한 사람도 자꾸 만나고 관리를 잘하면 친해진다. 관리를 잘한다는 것은 무슨 뜻일까? 한마디로 말하면 인사다. 인사가 관계관리의 핵심이다.

나는 그동안 인사를 별로 하지 않았다. 무심한 걸 자랑처럼 여기고 살았다. 나도 갔으니까 너도 오는 게 당연하다는 식으로 생각했다. 내가 따로 연락해서 인사하지 않아도 내 맘을 알 것이라고 생각했다. 하지만 아니었다.

관계에서 인사만큼 중요한 것도 없다. **인사를 하지 않으면 관계가 심심해지고 멀어진다. 인사를 하면 그 순간 두 사람 사이에 불이 켜진다.** 말이 오고 가면서 가슴이 따뜻해진다. 경조사에 참석하는 건 귀한 시간과 비용을 투자하는 것이다. 당연히 감사의 인사를 올려야 한다. 요즘 흔히 하는 단체 문자전송이 아니라 이왕이면 전화로 하는 것이 좋다.

당신은 어떻게 하고 있는가?

보통의 관계를 최상으로 끌어올리는 방법

지금 당신의 기분은 어떠한가? 잘 모르겠는가? 다른 사람들의 기분은 어떨 것 같은가? 그것도 잘 모르겠는가? 그러면 어떻게 그들과 관계를 맺고 유지하는가?

감정을 읽을 줄 모르는 감정 문맹자들이 있다. 중년 남성들 가운데 특히 많다. 그들이 소외를 당하는 가장 큰 이유다. 본인도 힘들고 주변 사람들도 불편하다. 혼자 살 작정이면 모를까 함께 잘 살고 싶다면 자신의 감정은 물론 다른 사람의 감정도 살펴야 한다.

감정을 살피는 가장 좋은 방법은 '관찰'이다. 상대가 하는 말은 물론 표정과 행동을 관찰하고, 평소와 달라진 점에 주목하면 그의 감정 상태를 읽을 수 있다.

다른 사람과 좋은 관계를 맺으려면 세 가지가 필요하다. 민감할 것, 반응할

것, 일관성이 있을 것 등이다. 민감성은 사람에게 관심을 갖고 그의 감정을 예민하게 알아차리는 것이다. 반응성은 민감하게 알아차린 것을 행동으로 표현하는 것이다. 일관성은 말 그대로 변덕을 부리지 않고 처음부터 끝까지 같게 행동하는 것이다. 모든 대인관계는 이 세 가지를 벗어나지 않는다.

당신은 어떤가? 좋은 관계를 원하지만 상대를 소가 닭 쳐다보듯 대하지는 않는가? 상대가 하는 말에 아무런 반응을 보이지 않는 건 아닌가?

건강한 대인관계를 위해서는 무엇보다 상대를 있는 그대로 수용할 줄 아는 것이 중요하다. 특히 상대의 감정을 수용하는 것이 관건이다. 내 멋대로 상대를 분석하고, 평가하고, 비난하지 말고 상대에게 집중하여 그가 어떤 감정 상태에 있는지 알아내고 그대로 수용해야 한다. 여기서 관계가 맺어지고, 교감이 생기고, 친밀감이 들기 시작한다.

친밀감은 관계의 알파요 오메가다. 서로에 대해 친한 느낌이 있어야 관계가 오래가고 점점 깊어진다. 그런데 친밀감 역시 저절로 형성되지 않는다. 상대의 감정을 살펴 수용하는 것도 중요하지만 그것만으로는 부족하다. 강북삼성병원 전문의들이 공저한 책 《오늘, 내게 인생을 묻다》는 이에 대해 짧지만 명쾌한 답을 준다.

첫째, 서로 통하는 느낌이 있어야 한다.

둘째, 서로 살피고 도와주어야 한다.

셋째, 나눔이 있어야 한다.

단순하고 당연해 보이지만 친밀감의 핵심을 제대로 짚어냈다.

친밀감을 방해하는 것들도 주의해야 한다. 첫째, 불완전한 주체성이다. 주체성이 확립되지 못한 사람은 친밀한 관계를 맺을 수 없다. 내가 확실해야 남도 확실해진다. 둘 다 확실해야 그 사이에 관계가 들어서고 친밀해질 수 있다. 주체성이 기본이다. 누가 뭐라고 하든 혼자 잘 노는 사람이 다른 사람과도 잘 노는 법이다.

둘째, 시기심이다. 시기심은 다른 사람의 성공이나 미모, 뛰어난 능력을 볼 때 불편하고 화가 나는 심리다. 인간이면 누구나 갖게 되는 감정이다. 중요한 건 이를 어떻게 극복할 것인가인데, 감사가 답이다. 외부로 향해 있는 시선을 내부로 돌려 자신이 가지고 있는 것에 감사할 때 시기심에서 벗어나 친밀감으로 다가갈 수 있다.

셋째, 열등감이다. 자신을 잘못 평가하기 때문에 생기는 감정이다. 동료 간에도 열등감이 작용하면 친밀감을 느낄 수 없다. 나 자신을 있는 그대로 이해하여 받아들이고, 가슴이 시키는 대로 살아도 된다는 믿음을 가질 때 열등감을 밀어내고 친밀감을 회복할 수 있다.

“가슴이 찢어지는 것 같았어요”

서울과학종합대학원 최고경영자과정의 주임교수로 있던 시절, 교육생들을 모시고 일본으로 졸업여행을 다녀온 적이 있다. 서로에 대해 깊이 알게 해준 고마운 시간이었다.

넉 달 동안 같이 공부를 했지만 그분이 어떤 분인지는 솔직히 잘 몰랐다. 모 회사 사장이고 어느 학교를 나왔다는 정도만 알고 있었다. 한번은 장거리 이동을 하게 되었는데, 다들 무료해하는 것 같아 돌아가면서 자신이 걸어온 인생 이야기를 해보자는 긴급 제안을 했다. 짧게 얘기하는 분들도 있었지만 몇 분의 얘기는 사람들을 감동에 빠뜨렸다. 그중 한 분의 이야기를 소개한다.

저는 시골의 조그만 집성촌에 살았습니다. 몇 집을 제외하고는 모두 친인척이었지요. 그 동네에 정말 사랑하던 여자가 있었습니다. 그런데 그녀의 아버지가 사업을 하다가 동네 사람한테 빚을 졌고 사업이 망하는 바람에 하루아침에 빚쟁이가 되어 동네에서 쫓겨났습니다. 참 갑갑하더군요. 그래도 저는 그녀와 꼭 결혼하고 싶었습니다.

결혼 얘기를 꺼내자 어른들은 빚쟁이와의 혼사는 절대 불가하다고 반대했습니다. 하지만 저는 아버지가 빚진 것과 딸의 결혼이 무슨 상관이냐고 따졌지요. 어린 제가 완강하게 주장하자 제 결혼이 동네의 주요 이슈가 되었고 급기야 동네 사람들의 난상토론을 거쳐 투표까지 실시했는데, 부결되고 말았습니다. 절대 있을 수 없는 일이란 거지요. 미치겠더군요. 다시 한 번 어머니께 제발 결혼을 허락해달라고 요청했지만 통하지 않았습니다. 눈에 흙이 들어오기 전에는 그런 집안과의 혼사는 안 된다고 하셨지요.

가족과 절연할 생각을 하고 장인 될 사람을 찾아가 야반도주를 해서 멀리 가 살 테니 허락해달라고 했지만 그 역시 거절당했습니다. 여자 때문에 부모를 버리는 건 있을 수 없다는 것이었지요.

더 이상 방법이 없더군요. 눈물을 머금고 헤어졌습니다. 그동안 주고받았던 편지가 가마니로 하나인데 그것을 태우면서 내내 울었습니다. 그리고 그 후 중매로 다른 여자를 만나 결혼했습니다.

세월이 흘러 어느 날, 회사일을 마치고 나오는데 누군가 저를 보고 있다는 느낌이 들었습니다. 주위를 둘러보니 그녀가 저만치 서 있는 겁니다. 다방에 앉아 얘기를 들어보니 학교 선생님으로 살던 그녀가 저를 잊지 못해 인근 학교로 전근을 온 것이었습니다. 만나진 못해도 모습이라도 보고 싶다는 겁니다. 그날도 제가 퇴근하는 모습을 멀리서 보고 있었답니다. 정말 가슴이 찢어지는 것 같았습니다.

그녀는 지금 어떻게 살고 있느냐는 질문에 그는 "아직 혼자 삽니다. 50이 넘었지요"라고 슬픔에 젖어 말했다.

그 이야기를 듣고 모두들 가슴이 먹먹해지는 것 같았다. 눈시울을 붉히는 사람도 있었다. 그 애틋한 사랑이 전해지고 그녀가 얼마나 힘들었을까를 생각하며 측은하고 슬픈 마음이 들었던 것이다.

한 분이 그렇게 물꼬를 트자 여기저기서 솔직한 이야기들이 터져나오기 시작했다. 다음은 다른 회사 사장님의 이야기다.

저는 머리 좋은 여자와 결혼했습니다. 저보다 똑똑했지요. 저런 여자가 집에만 있는 것은 아깝다는 생각을 했어요. 아내는 아이를 낳은 후 다시 의과대학을 다녔고 지금은 의사가 되었습니다. 하지만 그 과정에서 많은 갈등이 생겼습니다.

저는 한 번도 아내가 차려주는 밥을 먹지 못했고, 아이는 늘 제 차지였습니다. 제가 번 돈도 그녀 뒷바라지에 모두 쓰였습니다. 도대체 내가 왜 결혼을 했나 하는 후회도 많이 했습니다. 그런 생각을 하니 아내를 대하는 시선이 싸늘해지고 말도 거칠게 나갔지요. 갈등은 더욱 깊어졌습니다.

아무리 생각해도 이혼 외에는 방법이 없었습니다. 어느 날, 7살짜리 딸아이를 설득하기 위해 함께 하늘공원으로 놀러 간 저는 어렵게 얘기를 꺼냈습니다.

"아빠하고 엄마하고 따로 살려고 하는데 괜찮지?"

그러자 딸아이가 대뜸 이렇게 말했습니다.

"엄마하고 아빠를 수술시켜드렸으면 좋겠어."

당황한 제가 "도대체 무슨 수술을?" 하고 물으니 눈물이 글썽해진 딸아이가 "마음 수술"이라고 말했습니다.

저는 큰 충격을 받았습니다. 정말로 맞는 말이었습니다. 저와 아내는 수술이 필요했습니다. 마음을 대대적으로 고치는 그런 수술이….

집으로 돌아오면서 생각했습니다.

'회사에서는 경영도 잘하고 직원들에게 인기도 있는 내가 왜 집에서는 속좁고 이해심 없는 꼰대가 되는 걸까? 내가 아내를 위해 진정으로 노력한 적이 있었던가? 아내의 마음 하나 헤아리지 못하는 사람이 무슨 경영을 하겠다는 것인가?'

이후 마음을 고쳐먹었습니다. 아내에게 그간의 잘못을 사과하고 진실한 마음으로 다가가자 아내도 변하기 시작했고, 지금은 좋은 아내와 엄마로 돌아왔습니다. 딸아이의 말 한마디가 제 인생을 바꾸었습니다.

두 분의 이야기는 결코 꺼내기 쉬운 내용이 아니다. 아주 사적이어서 부모나 형제에게도 감추고 싶을 수 있다. 그런데 용기를 내어 꺼낸 진실한 이야기는 감동적이었고, 그 힘이 분위기를 완전히 바꾸었다. 한 사람이 마음의 문을 열자 다른 사람들도 닫혀 있던 문을 열기 시작했다. 서로의 벽이 허물어지면서 가슴속에 묻어둔 이야기들을 풀어놓기 시작했고 관계는 급속히 가까워졌다. 둘러볼 곳에 대한 관심은 뒷전으로 밀리고 마음을 움직이는 이야기들로 버스 안은 감동의 물결이 일었다.

사람이 다르게 보였다. 그에 대한 호감이 생겨났다. 그전에는 그저 엄숙하고 재미없는 아저씨인 줄로만 알았는데, 그의 얘기를 들은 후 그를 보는 내 눈이 180도 달라졌다.

사람은 만남을 통해 성장한다. 몰랐던 사람을 깊이 알게 되면서 자신을 돌아보게 되고 자신을 변화시키기 위해 노력하는 과정을 거치면서 좀 더 나은 사람으로 성장해간다. 물론 모든 만남이 다 그런 것은 아니다. 영혼이 서로 교감할 수 있는 만남이어야 좋은 영향을 미칠 수 있다. 그러기 위해서는 자신의 마음을 열고 진심으로 다가가야 한다. **아무리 술을 마시고 많은 말들을 주고받아도 영혼이 만나지 못하면 진정한 교감이 이루어지지 않는다. 영혼과 영혼이 만날 때 비로소 친밀감이 생긴다.**

"만남은 바깥에서 이루어진다. 각자의 성을 열고 바깥으로 걸어 나오지 않는 한 진정한 만남은 이루어질 수 없다. 우리는 우리가 갇혀 있는 성벽을 뛰어넘어야 한다. 인간적인 만남의 장은 언제나 바깥에 있기 때문이다."

신영복 선생의 말이다.

6

가장 좋을 수 있는, 가장 어려울 수 있는

세상의 모든 비극은

자신이 아닌 남을 바꾸려는 데서 시작된다.

“그녀는 내 인생의 전부였어요”

어렸을 적 정말 듣기 싫은 말이 있었다. “어린것이 어른한테 말대답한다”는 말이었다. 어른이 된 지금 생각해도 거부감이 생기는 어이없는 말이다. 이 말에는 ‘어른 생각은 언제나 옳고, 어린 사람의 생각은 그르니 무조건 윗사람 말을 따라야 한다’는 의미가 숨어 있다. 가부장적 문화의 소산이다. 그때는 애들이 부모 앞에서 자신의 생각을 제대로 표현하지 못하고 가슴에 묻어두는 경우가 많았다.

주위를 보면 부모 자식의 사이가 나쁜 경우가 의외로 많다. 부모는 부모대로 자식이 은혜를 모른다고 불평하고, 자식은 자식대로 부모에게 섭섭한 게 많아 관계가 회복하기 어려울 정도로 틀어져버린다. 이 또한 가부장적 문화가 낳은 폐해라고 할 수 있다. 제대로 된 소통이 없는 탓이다. 자신이 준 것만 생각하고 받은 것은 기억하지 않기 때문이다.

모든 대인관계가 어렵지만 그중에서도 제일 어려운 것이 부모 자식의 관계다. 그런데도 사람들은 부모 자식은 피로 연결된 천륜이라고 생각해서 별다른 노력을 하지 않는다. 아니 노력의 필요성을 느끼지 않는다. 절대 그렇지 않다. 부모 자식 사이도 본질적으로 다른 인간관계와 다를 것이 없다. 오히려 더 주의하고 노력해야 한다. 다른 인간관계는 선택할 수 있는 대안이라도 있지만 부모 자식의 관계는 그 누구도 대신할 수 없기 때문이다.

어릴 때부터 자식을 구박한 부모가 효도를 받을 가능성은 거의 없다. 마찬가지로 어려서부터 사고를 쳐 부모 속을 썩인 자식이 나중에 효도를 한다는 말은 책에나 나오는 것이다. 모든 관계는 어느 날 갑자기 좋아지지 않는다. 꾸준히 노력해야 좋은 관계가 만들어진다. 사이가 좋지 않다면 왜 그런지 원인을 찾고 반성하며 개선하려고 노력해야 한다. 관계는 쌓이는 것이다. 지금의 관계는 과거에 행한 것들의 결과물이다.

현명한 부모라면 다 큰 자식은 홀가분하게 독립시켜 떠나보내야 한다. 부모로서 해야 할 일을 다했으면 그뿐이라고 생각해야 한다. 그래야 자식이 부모에 대한 채무의식 대신 따뜻한 애정과 감사의 마음을 갖고 살아갈 수 있다. 하지만 많은 사람들이 '부모는 자식을 보살피고 자식은 그런 부모에게 보답해야 한다'는 고정관념에 사로잡혀 있다. 그렇게 되면 부모는 자식에게 늘 서운한 감정을 갖게 된다. 걸핏하면 "내가 너를 어떻게 키웠는데" 같은 뻔한 소리를 하고 그 소리가 듣기 싫은 자식은 부모를 보고 싶어 하지 않게 된다. 의무감에서 마지못해 만나지만 아무런 정이 느껴지지 않는 형식적인 만남일 뿐이다.

자식은 부모가 돌아가신 후 뒤늦은 후회를 하기도 한다. 부모의 진심을 모르고 철없이 굴다가 그제야 후회하는 것이다. 그래서 '불효자는 웁니다' 같은 유행가가 나왔을 것이다.

드라마 작가 노희경도 그랬던가 보다. 살아생전 어머니의 속을 무던히도 썩였던 것 같다. 어머니가 돌아가신 후의 심경을 이렇게 썼다.

"참 묘하다. 살아서는 어머니가 그냥 어머니더니 그 이상은 아니더니, 돌아가시고 나니 그녀가 내 인생의 전부였다는 생각이 든다. 그래도 그녀 없이 세상이 살아지니 참 묘하다. 나는 바란다. 내세에 다시 그녀를 만난다면 다시 그녀의 막내딸이 된다면 더 바랄 것이 없겠다."

짧은 글이지만 마음이 울컥해진다.

부모 자식의 관계는 어렵지만 건강한 가정을 이루려면 올바른 관계가 정립되어야 한다. 풀 건 풀고 가깝게 지내야 한다. 그런 면에서 노희경의 어머니는 살아서는 딸 때문에 고생을 했을지 몰라도 남겨진 딸에게서 그런 소리를 들으니 성공한 인생이란 생각이 든다.

'나는 어떤 부모인가?'

우리가 늘 던져야 할 질문이다.

부모로 성공하고 싶은가?

본인은 성공했지만 자식농사에는 실패한 사람이 많다. 자녀와의 사이가 나쁜 아버지도 많다. 왜 그럴까? 자신이 공부를 잘하고 사회생활에서 성공하는 것과 자녀를 잘 키우는 것은 장르가 다르기 때문이다. 부모라면 누구나 자식이 성공하기를 기대한다. 그러려면 먼저 부모로 성공해야 한다.

《아버지로 성공하라》(최효찬)라는 책에 이런 내용이 나온다. 〈미국의 리더는 어떻게 만들어지는가〉라는 보고서가 발표되었는데, 내용의 핵심은 리더들이 하나같이 초등학교 시절에 좋은 책을 많이 읽었다는 것이다. 반면에 범죄자들은 하나같이 책을 읽지 않거나 가치 없는 책을 읽었다. 어린 시기에 읽은 책이 그의 인생을 결정한다는 말이다.

독서의 중요성은 두말할 필요가 없다. 700년 케임브리지대의 역사상 최초의 형제 교수인 장하준과 장하석 교수만 봐도 그렇다. 그들의 아버지는 장재식 전 산업자원부장관이다. 은퇴 후에도 늘 책에 둘러싸여 누구보다 학구적으로 살았다. 읽은 신문이나 사설 등에도 밑줄이 그어져 있었고, 평생 자녀들에게 공부하라는 잔소리를 해본 적이 없었다. 책을 읽고 공부하는 아버지의 모습을 본 아들들이 알아서 공부한 것이다.

자녀를 키우는 최선의 방법은 부모가 공부하는 모습을 보여주는 게 아닐까? 자녀는 부모의 말이 아니라 부모의 등을 보고 배우는 법이다.

자녀에게 편지를 써본 적이 있는가? 자녀는 당신에게 편지를 쓰는가? 자녀를 잘 키우는 방법 중 하나는 편지 쓰기다. 말로 하다 보면 감정이 섞이기 쉽지만 글로 전하면 이성적이 되고 설득력이 높아진다.

퇴계 이황은 후손들에게 평생 1,300통의 편지를 썼다. 아들 준에게 613통, 손자 안도에게 125통 등 전무후무한 일이다. 그는 '끊임없이 독서하라, 도(道)는 음식이나 의복과 같다'는 점을 강조하며 후손들이 완성된 인격체가 되기를 바랐다. 그런 노력 덕분에 수많은 인재를 키워낼 수 있었다. 다산 정약용도 그렇다. 유배지에서 두 아들인 학연, 학유와 100여 통이 넘는 편지를 주고받았다. 그가 보낸 편지는 300년이 지난 지금도 베스트셀러다. 그는 편지를 통해 '친구를 가려서 사귀어라, 재물은 메기와 같아서 쥐면 쥘수록 미끄러져 나가니 나누는 것이 좋다, 오직 독서만이 살길'이라고 강조했다.

인도의 정치가 네루의 집안은 3대에 걸쳐 총리를 배출했는데, 이 역시 편지를 통한 교육이 중요한 역할을 했다. 감옥에 간 네루는 아버지가 그랬던 것처럼 자식(딸)에게 편지를 써서 인도와 세계의 역사를 들려주었는데, 이것을 모은 책이 《세계사 편력》이다.

부모로 성공하려면 사람을 잘 사귀도록 이끄는 것도 중요하다. '좋은 친구를 사귀라'는 말이 강조되는 이유다. 근데 좋은 친구란 무엇일까?

1533년 프랑스 보르도에 사는 귀족 피에르 에켐은 아들 미셸을 얻는다. 자녀교육에 대해 관심이 많았던 그는 석학들을 시켜 자녀교육에 대한 연구를 하도록 했는데, 결론은 둘이었다. 강제를 최소화하고, 스스로 공부하고 싶은 환경을 만들어주라는 것. 그는 젖먹이 아들을 자신의 성에서 키우는 대신 유모를 구해 허름한 농가에 보내고 농민의 자녀와 똑같은 음식과 대우를 받으며 자라게 한다. 또한 당시 유럽의 교양어인 라틴어 습득을 위해 독일인 가정교사를 들이고 라틴어로만 얘기하게 한다. 그래서 미셸은 6살 때까지 모국어인 프랑스어를 배우지 못하지만 최고의 라틴어 실력을 갖추게 된다. 아버지는 아들에게 종교의 자유도 주어 자신은 가톨릭이었지만 아들은 개신교를 믿게 된다. 이렇게 자란 아들은 훗날 보르도 시장에 선임되고 문필가로 이름을 날린다. 바로 그가 《수상록》의 저자 몽테뉴다. 몽테뉴는 어린 시절 평민들과 섞인 덕분에 자기만 아는 이기적인 엘리트들과 달리 어려운 사람들에게 측은지심을 갖는 지식인으로 성장했다.

자녀와 함께 여행을 떠나는 것도 좋은 방법이다. 인도의 시성 타고르는 14살 때 학교를 그만두고 17살에 영국 유학을 떠나지만 적응하지 못한다. 학습 부적응자였던 셈이다. 하지만 그는 시집 《기탄잘리》를 비롯하여 소설, 희곡, 평론, 전기, 철학, 종교 등 다양한 분야의 책을 써서 동양인 최초로 노벨

문학상을 수상한다. 그의 인생에서 결정적 사건은 11살 때 아버지와 함께 떠난 히말라야 여행이다. 아버지는 그에게 여행경비 관리를 맡기고, 아침마다 산스크리트어를 공부하게 한다. 또한 매일 모험여행을 시킨다. 그렇게 4개월여의 여행을 마치고 돌아온 그는 4개월 전의 그가 아니었다.

"여행자는 자신의 문에 이르기 위해 낯선 문마다 두드려야 하고, 마지막 가장 깊은 성소에 다다르기 위해 온갖 바깥 세계를 방황해야 한다."

타고르의 말이다.

'부자유친(父子有親)'이란 말이 있다. '부자간에 친해야 한다'는 뜻이다. 왜 이런 말이 나왔을까? 친하기 어려우니 친해야 한다는 말 아닐까? 여행을 통하면 자녀와 긴밀한 관계를 만들 수 있다. 자녀와 함께할 수 있는 시간이 그리 많지 않다.

자녀를 위해 부모가 할 수 있는 최고의 선택은 돈을 쌓는 일이 아닌 덕을 쌓는 일이다. '적덕지가 필유경(積德之家 必有慶)'이다. '덕을 많이 쌓은 집에는 반드시 좋은 일이 일어난다'는 말이다. 곳간을 열어 '나눔 정신'을 실천한 경주 최 부자가 대표 선수다.

부모가 쌓은 덕은 자손들에게 계속해서 좋은 영향을 미친다. 자녀가 잘되는 집을 보면 선대에 쌓은 덕이 많다. 후손들이 잘되길 바란다면 지금부터 선한 일을 많이 해야 한다. 나도 살고, 자손도 살고, 국가도 사는 길이다.

자녀의 것은 자녀에게

아는 사람들 가운데 과년한 처녀가 있는데 얼마 전 결혼을 약속한 남자가 생겼다. 그런데 부모의 반대가 심했다. 특히 아버지가 심하게 반대해서 고민 중이다. 이유는 종교 때문이다. 여자의 집안은 기독교이고 남자의 집안은 가톨릭인데, 이게 맘에 들지 않는다는 것이다. 할 수 없이 남자가 자신의 종교를 포기하고 교회를 다니기 시작했다. 그러자 이번에는 남자의 믿음을 시비 삼기 시작했다. 그 정도의 믿음으로 자기 딸과 결혼할 수 없다며 《성경》을 읽고 주기적으로 감상문을 써서 제출하라는 숙제를 주었다고 한다.

그 이야기를 듣고 여러 생각이 들었다. 딸을 가진 아버지의 시기와 질투가 원인이 아닐까? 다 큰 사람에게 결혼을 이유로 종교를 강요하는 것이 올바른 일일까? 반대에 부딪힌 남자는 어떤 심정일까? 나중에 결혼한 후에 장인과의 관계는 어떨까? 도대체 이렇게까지 할 만한 자격이 아버지에게 있는 것일까?

한 가지 분명한 건 결혼을 해도 상처를 많이 받은 사위와 장인이 좋은 관계를 맺기는 어려울 것이란 사실이다. 제대로 된 신앙생활을 하기도 쉽지 않을 것이다.

부모 자식의 관계를 쉽게 생각하는 사람이 많다. 자식을 소유물로 생각하는 사람도 많다. 어려서는 그럴 수도 있다. 하지만 성인이 된 자식에게 과도한 간섭을 하는 것은 서로에게 도움이 안 된다.

부모의 반대로 자신이 하고 싶은 공부를 포기한 자식이 수십 만은 될 것이다. 지금도 숱한 가정에서 그런 문제가 일어나고 있다. 물론 일리가 있는 경우도 있다. 그 덕분에 더 잘된 자식도 많다. 하지만 방향을 잘못 알려주어 자식의 날개를 부러뜨린 사람도 부지기수다. 배우자 선택에 관한 간섭도 그렇다. 만약 자식의 결혼 문제에 부모가 반대할 수 없다는 법이 제정된다면 영화와 드라마 소재 중 반은 사라질 것이다.

자녀의 결혼에 부모가 의견을 말할 수는 있다. 하지만 조언만 해야지 부모의 생각을 강요해서는 안 된다. 결혼은 누가 하는가? 주인공은 누구이고 책임은 누가 지는가?

자녀가 마음에 들지 않는 사람을 데리고 왔을 때 부모는 어떤 마음을 가져야 할까?

첫째, 그때가 자녀의 수준을 파악할 수 있는 좋은 기회라고 생각해야 한다. 사람은 자신의 수준에 맞는 사람을 고르게 되어 있다. 그 사람이 좋다는 것은 자녀 또한 그렇다는 것을 방증한다. 데리고 온 사람이 신통치 않다면 자녀 역시 신통치 않다는 것이다. 자녀의 수준이 그 정도란 사실을 인정해야 한다.

둘째, 자녀의 선택이 어떤 결과를 낳을지를 생각해야 한다. 아무리 생각해도 행복할 것 같지 않다면 끝까지 반대하는 게 옳다. 물론 그에 대한 부작용은 스스로 감당해야 한다. 자녀가 결혼을 포기하는 경우도 있고, 집안과 절연하고 자기들끼리 사는 경우도 있고, 헤어진 후 다른 사람과 결혼해 사는 경우도 있을 것이다. 어떤 경우이건 반대한 부모가 감수해야 한다.

셋째, 설령 맘에 들지 않아도 자녀의 선택을 존중한다면 흔쾌히 승낙하는 것이 좋다. 나는 이 방법을 추천한다. 결혼은 오롯이 자녀의 선택에 맡기는 것이 맞다. 부모가 결혼하는 게 아니고 자녀가 결혼하는 것이다. 두 사람이 사랑하는 게 중요하지 부모의 생각이 뭐 그리 중요하단 말인가. 냉정하게 말하면 자녀는 선수이고 부모는 관중이다. 이 사실을 잊지 말아야 한다. 최악의 경우는 엄청 반대를 하다가 결국에 자식 이기는 부모가 없다는 생각으로 막판에 승낙하는 것이다. 그러면 어떤 일이 벌어질까? 당신이 그토록 사랑하는 자녀에게 가장 큰 손해가 갈 것이다.

결혼은 현실이다. 좋은 일보다는 힘든 일이 많다. 그때마다 두 사람의 생각이 복잡해질 것이다. 반대를 무릅쓰고 성사된 결혼이 이것밖에 되지 않는가 하고 후회할 것이다. 무엇보다 반대로 생긴 상처는 평생 갈 것이고, 부모도 꽤 많은 대가를 치르게 될 것이다.

노자의 '생이불유(生而不有)'란 말을 좋아한다. '내가 만들었지만 가지려

하지 않는다'는 뜻이다. 자녀는 부모가 낳았지만 부모의 소유물이 아니다. 맞는 말이다. 부모의 역할은 자녀가 건전한 사회인으로 살아가도록 돕는 것이다. 자녀가 자신의 자녀를 낳아 같은 역할을 한다면 그걸로 충분하다. 더 이상은 기대하지 않는 것이 좋다. 그건 어디까지나 자녀의 몫이다. 만약 더 이상을 기대한다면 자녀와의 관계에 더욱 신경을 써야 한다. 무엇보다 새 식구가 되는 며느리나 사위에게 최선을 다해야 한다. 그들이 내 마음에 들길 바라지 말고 어떻게 하면 그들 마음에 들지를 고민해야 한다.

결국 누가 갑일 것 같은가? 지금은 부모가 갑일 것 같지만 결혼하는 순간, 나이가 들수록 부모는 을이 된다. 지금 당신이 그들을 사랑하지 않으면 그들 역시 당신을 사랑하지 않을 것이다. 그들을 품어야 그들 역시 당신을 품을 것이다.

효는 받는 것이 아니라 얻는 것이다

《나이 든 부모를 사랑할 수 있습니까》(기시미 이치로), 《나는 엄마와 거리를 두는 중입니다》(손정연)

서점에서 만난 책들이다. 부모를 대하는 자식들의 고민과 어려움이 제목에서부터 드러난다. 부모를 자주 만나지 않겠다는 것이다.

나이 든 부모를 사랑하긴 쉽지 않다. 효의 개념도 변하고 있다. 더 이상 자식들에게 효를 강요할 수 없고 강요해서도 안 되는 시대가 되었다.

당신은 지금 부모에 대해 어떤 감정을 갖고 있는가? 늙고 병들고 나이 들어가는 부모에 대해 어떻게 생각하는가? 부모님을 생각할 때마다 목이 메고 눈물이 나오는가, 아니면 한숨이 나오는가? 요양병원에 계신 부모님에게 들어가는 돈 때문에 죽을 지경인 건 아닌가? 나이가 들수록 성격이 괴팍해지는 부모 때문에 짜증나는 건 아닌가?

사람의 숫자만큼 경우의 수가 많을 것이다. 핵심 변수는 두 가지다. '부모와의 관계가 좋다, 나쁘다'와 '부모에게 경제력이 있다, 없다'인데, 이를 축으로 네 가지 국면을 생각할 수 있다. 최고의 경우는 관계가 좋으면서 능력까지 있는 것이다. 아무런 문제가 없고 금상첨화다. 만수무강을 기원하게 된다. 최악은 관계가 나쁜데 능력까지 없는 것이다. 생각만 해도 골치가 아프다. 만남을 최소화해서 지낼 가능성이 크다. 관계는 좋지만 능력이 없는 경우에는 어떨까? 부모가 능력이 없어도 자식이 돈을 잘 벌면 간단하다. 자식이 생활비를 대면 된다. 문제는 자식이 경제적으로 어려운 경우이다. 좋은 관계를 유지하기가 힘들다. 마음은 굴뚝같지만 해줄 수 있는 게 별로 없으니 마음만 무겁고 아프다. 마지막으로, 관계는 나쁘지만 부모가 능력이 있다면 어떻게 될까? 부모는 돈으로 유세할 가능성이 있고 자식은 부모의 돈을 보고 효자 코스프레를 할지 모른다. 서로가 가식적으로 행동할 개연성이 있다.

이래저래 진심으로 효도하고 효도를 받기란 쉽지 않다.

효란 무엇일까? 요즘 같은 장수 시대에 효의 개념은 어떻게 달라져야 할까? 무조건 효를 강요할 수 있을까? 일흔 먹은 아들이 아흔의 노모를 봉양하는 것에 대해 어떻게 생각하는가? 보기 좋은가, 안쓰러운가?

딱히 잘라 말하기 어려운 어젠다다. 이근후 이화여대 명예교수의 말을 들어보자.

"효도라는 말 자체가 젊은이들에게 거부감을 준다. 노인교육에서 가장 강조하는 것이 효도라는 말을 쓰지 말라는 것이다. 부모 자식 간에 좋은 인간관계를 맺고, 소통을 하면 된다. 근데 효도란 말은 받기만 한다는 뉘앙스를 준다. 많은 노인들이 자녀를 제 손에서 쥐락펴락하려 한다. 그런 것에 감정을 소모하느라 자기 인생도 즐기지 못한다. 가장 좋은 유산은 '우리 부모들이 정말 행복하게 살았구나' 하는 기억 아닐까?

왜 노인들이 노여워할까? 자기 뜻대로 자식들이 움직이지 않기 때문이다. 자꾸 뭘 가르치려 한다. 사실 노인이 젊은이로부터 무언가를 배우려 해야 한다."

우리가 알고 있는 효는 대개 일방통행식이다. 이보다는 쌍방통행이 좋다. 강요하는 대신 효를 받을 만한 행동을 하면 된다. 주위에 부모 때문에 힘들어하는 사람들이 제법 있다. 다른 사람이라면 안 보면 그만이지만 부모는 안 볼 수도 없으니 이래저래 사는 게 만만치 않다.

여기까지는 자식의 눈으로 부모를 본 것인데, 부모 입장에서 자식은 어떤 존재일까? 부모에게 자식은 큰 기쁨이지만 한편으로 영원한 걱정거리다. 자식에게 문제가 생기면 그게 곧 자신의 문제가 된다. 그래서 말년 운은 가장 못사는 자식의 운과 일치한다고 말하는 것이다. 부모는 자신이 아무리 잘 살아도 자식이 잘 살지 못하면 잘 사는 게 아니다. 자식이 파산하면 부모도 파산하는 것이고, 자식이 이혼하면 부모도 이혼하는 심정이 된다.

잘 산다는 건 무엇일까? 경제적으로, 육체적으로 문제가 없는 것은 물론 주변 사람들과 사이 좋게 지내는 것이다.

부모 자식의 관계는 쌍방향이다. 예전의 효가 한쪽 방향이었다면 지금의 효는 쌍방향으로 가야 한다. 한쪽의 일방적인 강요나 의무는 더 이상 통하지 않는다. 그런 면에서 효는 강요할 수 없는 것이고, 자신의 노력으로 얻어야 하는 것이다.

지금 자식의 눈에 비친 당신은 어떤 존재일까? 효도를 받을 만한 자격이 있는가? 자식이 의무감이 아닌 마음에서 우러나와 당신의 집에 오는 것 같은가?

타인이라는 이름의 형제

돈 문제 때문에 형제의 우애가 상한 집안이 많다. 이런 식이다.

"장남인 우리 아버지가 고모와 작은아버지 교육을 다 시켜줬어요. 그러느라 집도 장만 못하고 경제적으로 쪼들려 애들 교육도 제대로 못 시켰어요. 지금 그 고모와 작은아버지는 무지 부자이고 우리 집은 어려워요. 하지만 그들은 나 몰라라 하고 있어요. 자기가 누구 덕분에 교육을 받고 잘살게 됐는데 어떻게 저럴 수 있을까 하는 생각이 듭니다."

이런 얘기도 들었다.

"공부 잘하는 형에게 부모님이 올인했어요. 형을 위해 나머지 형제들은 대학도 가지 못했어요. 형은 의사가 되어 잘살게 되었고 다른 형제들은 지지리 궁상으로 삽니다. 하지만 형은 멀리 산다는 이유로 부모에게도 형제들에게도 소홀합니다. 우리가 누구 때문에 이렇게 지내고 형이 누구 덕분에 의사가 되었는데 형이 어떻게 저럴 수 있을까 정말 섭섭합니다."

이런 이야기는 차고 넘친다. 물론 잘 지내는 형제들도 많지만 잘 지낸다는 이야기보다 형제간 갈등에 대한 이야기가 더 많다. 아예 연을 끊고 지내는 형제들도 있다.

내가 생각하는 훌륭한 가정은 형제들끼리 잘 지내는 집안이다. 부자이면서 형제간 우의가 돈독한 집안이 명문이다.

형제란 어떤 사이일까? 어떻게 지내는 것이 최선일까? '형제는 타인의 시작'이란 말이 있다. 형제는 한없이 좋을 수도 있지만 잘못하면 한없이 미운 존재가 될 수도 있다. 타인은 말 그대로 타인으로 관리하지 않으면 망가진다.

형제간 우애를 위해서는 먼저 베풀어야 한다. 음식을 잘하면 음식으로 베풀고, 돈이 많으면 돈으로 베풀면 된다. 제일 위험한 것은 혼자만 잘 먹고 잘 사는 것이다. 자기는 집을 몇 채씩 갖고 있으면서 형제들은 허름한 아파트에 전세로 살고 있다면, 자기는 가족 숫자대로 차를 굴리는데 형제들은 차 하나 없어 걸어 다닌다면, 자기 애들은 모두 해외유학을 보냈는데 다른 형제들은 대학등록금을 걱정한다면, 자기 자식들은 명품으로 휘감고 있는데 형제들은 1년에 옷 하나 사 입기 힘든 형편이라면 어떨까? 형제가 남보다 못한 사이가 될 가능성이 크다. 이런 경우라면 항상 위험 요인을 안고 사는 셈이다

평소에는 문제가 없더라도 형제간 우의에 갑자기 빨간불이 켜질 때가 있다. 대표적인 경우가 부모의 병환이다. 병환으로 부모가 입원하면 형제들의 견적이 명확하게 나온다. 할 일도 많고 돈도 들어간다. 주기적으로 찾아 뵙

고, 반찬도 해서 날라야 하고, 돈도 십시일반으로 걷어야 한다. 형제들이 고루 분담하지 않으면 한 사람에게 그 역할이 집중될 수밖에 없고 힘든 그는 다른 형제들을 원망할 수밖에 없다. 그런 면에서 **형제간 우의를 깨는 최고의 방법은 이기적으로 행동하는 것이다. 온갖 이유를 다 갖다 붙여 감당해야 할 역할을 회피하는 것이다.** 딸이라는 이유로, 멀리 산다는 이유로, 자랄 때 푸대접을 받았다는 이유로, 돈이 없다는 이유로 역할을 게을리하면 그나마 남아 있던 우의마저 산산조각 날 것이다.

부모 역할도 형제관계에 큰 영향을 미친다. 부모가 어떻게 하느냐에 따라 형제 사이가 좋아지기도 하고 나빠지기도 한다. 재산 문제가 대표적이다. 꼭 재산이 많아야만 분쟁이 생기는 것은 아니다. 몇 푼 안 되는 돈으로도 형제의 의는 얼마든지 상할 수 있다. 이를 방지하려면 땅이든 집이든 몇 백만 원의 돈이든 사전에 명확히 정리해놓아야 한다. 그렇지 않으면 사후에 문제가 터진다. 생전에 얼굴 한 번 비친 적이 없던 형제도 자기 권리를 주장하여 부모 뒷바라지로 고생하던 형제의 마음을 다치게 할 수 있다.

형제간 우의가 돈독한 집안을 보면 늘 희생하는 사람이 있다. 돌아가신 나의 장인은 파산한 형을 위해 평생 돈을 갚았다고 한다. 결코 쉬운 일이 아니다. 그 덕분에 형제간 우의가 돈독했다.

군대 친구인 임 사장은 여섯 형제 중 다섯째인데 초등학교를 다닐 때 아버님이 갑자기 돌아가시는 바람에 제대로 공부를 하지 못했다. 지금은 인쇄소와 새마을금고를 운영해서 먹고 살 만하다. 그는 가족에게 참 잘한다. 가족에게 잘하기 대회가 있다면 단연 금메달일 것이다. 우선 장모에게 잘한다. 아내가 가지 않아도 혼자 사는 장모를 매주 찾아가 밥도 같이 먹고 얘기를 나누다가 온다. 형제들에게도 잘한다. 매달 모여서 함께 식사하고 주기적으로 여행도 다녀온다. 얼마 전에도 그가 주선해서 형제들이 부부동반으로 대만을 다녀왔단다. 여러 가지 사건도 많았지만 기쁜 마음으로 대처했단다. 형제들이 특별히 잘해준 것도 아니고 형들 덕을 본 것도 없는데 무엇 때문에 그렇게 형제들을 챙기는지 이유를 물으니 이렇게 말한다.

"남들한테도 하는데 형제들에게 이 정도 하는 건 당연한 거 아이가?"

그 순간 그는 대인이고 나는 소인이란 사실을 깨달았다.

장자는 "형제는 수족이고 부부는 의복(兄弟爲手足, 夫婦爲衣服)"이라고 말했다. 옷은 해어지면 새 옷으로 갈아입을 수 있으나 손발은 끊어지면 잇기 어렵다는 뜻이다. 정말로 형제는 한 번 갈라서면 다시 관계를 회복하기가 어렵다. 조심해야 한다.

부부가 나눌 수 있는 최고의 선물

가정 경영과 기업 경영 중 어느 것이 더 어려울까? 기업을 성공적으로 경영하는 사람들 가운데 가정에서는 성공하지 못한 이들이 적지 않다. 수만 명의 직원에게는 존경을 받으면서도 몇 명 안 되는 가족으로부터는 왕따를 당하는 경영자도 있다. 사회에서는 추앙을 받지만 정작 배우자로부터는 아무런 대접을 받지 못하는 인사도 있다. 그만큼 가정 경영이 어렵다는 말이다. 기업 경영보다 어렵다고 해도 과언이 아니다.

부부관계에 대한 오래된 오해가 있다. '부부는 일심동체'란 말이다. 말이 되지 않는다. 모르는 남자와 여자가 만나서 결혼식을 올린다고 일심동체가 될 수 있다는 생각부터가 허황된 것이다. 부부는 철저하게 다른 사람이다. 몸도 마음도 따로따로일 수밖에 없다. 이걸 인정해야 한다. 그런 차원에서 '부부 싸움은 칼로 물 베기'란 속담 역시 무리한 표현이다. 싸우면서 정이 든다고 하지만 싸우면 상처밖에 남지 않는다. 부부는 남이기 때문에 더욱 조심하고 가능하면 싸움은 피하는 것이 좋다. 부부관계는 가장 쉬울 것 같지만 가장 어려운 과제다. 내가 생각하는 부부관계의 해법은 이렇다.

첫째, 내가 좋은 사람이어야 한다. '유유상종'이란 말이 있다. '끼리끼리 논다'는 뜻이다. 부부도 그렇다. 비슷한 사람끼리 끌리고 만나고 사랑하게 되는 것이다. 좋은 사람이 좋은 사람을 만나고, 그렇지 않은 사람이 그렇지 않은 사람하고 사귀는 법이다. 꼭 그런 건 아니지만 좋지 않은 사람은 대부분 나쁜 사람에 속한다. 나쁜 사람이란 어떤 사람인가? '나뿐인 사람'이다. 저밖에 모르는 사람이 나쁜 사람이다. 오냐 오냐 소리를 들으면서 자란 사람, 공주병과 왕자병에 걸린 사람, 세상은 모두 자기를 위해 존재해야 한다고 생각하는 사람이 그렇다. 그런 사람이 결혼하면 문제를 일으킨다. 혼자 살 때는 문제가 드러나지 않지만 다른 사람과 함께 살다 보면 본성이 드러나면서 마찰이 생기는 것이나.

둘째, 상대를 있는 그대로 인정하는 것이다. **세상의 모든 비극은 자신이 아닌 남을 바꾸려는 데서 시작된다. 혹시 배우자를 변화시키는 데 성공한 사람을 보았는가?** 10년간 잔소리를 매일같이 했더니 사람이 바뀌더라는 소리를 들은 적이 있는가? 사람을 바꾸기란 여간 어려운 일이 아니다. 어쩌면 불가능할지 모른다. 열 번 찍어 안 넘어가는 나무는 없다고? 나무는 그럴지 몰라도 사람은 아니다. 상대를 무리하게 바꾸려 하다가 오히려 부부 사이에 금만 가는 경우가 얼마나 많은가. 나 자신도 바꾸기 어려우면서 어떻게 배우자를 바꾸려 하는가. 그대로 인정하고 자신이 포용력 있는 사람이 되기 위해 노력하는 것이 현명하다.

지미 카터 미국 대통령은 완벽주의자였다. 특히 시간관념이 철저해서 약속시간 30분 전에 도착하는 것을 철칙으로 삼았다. 반면 로잘린 여사는 온화하면서 세심한 성격으로 이것저것 챙기다가 늦게 도착하곤 했다. 카터는 아내의 습관을 고치기 위해 시시때때로 훈계하고 야단도 쳤지만 고치는 데 실패했다. 더 이상 이런 일로 아내를 괴롭히면 안 되겠다고 생각한 카터가 로잘린의 생일날 선물한 카드에 이렇게 썼다.

"내가 지금껏 당신을 너무 많이 괴롭힌 것 같소. 지금부터는 나와 시간을 지키는 일로부터 자유로워져도 좋소."

이 편지를 받은 로잘린이 카터에게 고백했다.

"고마워요. 당신이 내게 준 최고의 생일 선물이에요."

나와 다른 상대의 면면을 비판하거나 간섭하는 대신 그대로 받아들일 줄 알아야 한다. 그래야 관계가 편안하고 가정이 평화롭다.

나는 태생적으로 뭔가를 잘 잃어버리고, 흘리고, 어지른다. 정리정돈을 잘하지 못하고 귀찮은 일은 안 하려고 한다. 운전을 꺼리고 교통체증은 병적으로 못 참는다. 누군가로부터 간섭받는 걸 싫어하는 것만큼 남의 일에도 거의 간여하지 않는다. 집에서도 아내와 딸들에게 잔소리를 하지 않는다. 싫어하기도 하지만 내가 잔소리를 할 만한 인물이 아니라는 걸 잘 알기 때문이다. 그래서 그런지 아내와 딸들하고 사이가 좋은 편이다. 나는 가족을 있는 그대로 대하고 그들도 나를 있는 그대로 인정한다. 남을 바꾸려는 노력은 허무하다.

셋째, 친밀감이다. 부부관계에서 친밀감만큼 중요한 게 없다. 황혼이혼을 당하는 주된 이유가 뭔지 아는가? 바로 친밀감 부족 때문이다. 지금부터라도 친밀감을 높이지 않으면 미래에 황혼이혼을 당할 가능성이 높다.

《이럴 거면 나랑 왜 결혼했어?》(이수경)라는 책은 그럴 가능성이 있는 사람들에게 필요한 조언을 들려준다. 친밀감은 갑자기 생기지 않는다. 돈으로도 살 수 없다. 평소의 행동을 바꾸어야 한다. 어떻게 하면 아내와 친밀하게 지낼 수 있을까?

첫째, 아내의 이야기를 잘 들어야 한다. 아내 말을 잘 들으면 자다가도 떡이 생길 수 있다. 둘째, 가정과 직장을 구분해야 한다. 아내를 직원 대하듯 하는 남자들이 있다. 아내가 말할 때 쓸데없는 소리 좀 하지 말라거나 결론부터 말하라고 다그친다. 아니, 사람이 어떻게 꼭 쓸 데 있는 말만 할 수 있단 말인가. 결론이 나는 대화만 나눌 수도 없지 않은가. 셋째, 아내에게 다정하게 말을 건네야 한다. 남편이 집에 와서 거의 말을 하지 않는다고 힘들어하는 아내들이 많다. 무뚝뚝하게 굴지 말고 밖에서 있었던 작고 사소한 일이라도 얘기해주고 아내의 수다도 잘 들어주어야 한다. 물론 아내의 긴 수다를 들어주는 일이 남자에게 쉬운 일은 아니다. 그럴 때는 이렇게 생각하는 것이 좋다.

'아, 지금 이 사람은 수다를 통해 생명의 에너지를 얻고 있구나. 이 수다를 들어주는 것이 내 미션이다.'

이렇게 생각하면 견딜 만하다. 수다를 들어주는 것만으로 아내의 삶에 활력을 줄 수 있다면 이보다 쉬운 미션 수행이 어디 있는가.

부부관계는 사람 숫자만큼이나 경우의 수가 많다. 이혼한 부부도 많고, 이혼을 앞둔 부부도 많고, 이혼은 안 했지만 무늬만 부부로 말 한마디 하지 않고 같은 집에서 살기만 하는 부부도 꽤 있다. 서로에게 고통인 삶이 따로 없다. 그렇게 만든 책임은 부부 모두에게 있다. 어느 일방의 잘못이 아닌 쌍방과실이다. 손뼉도 마주쳐야 소리가 난다고 한쪽만 잘못한 경우는 거의 없다.

좋은 부부관계를 유지하기란 돈을 버는 것보다, 사법시험에 합격하는 것보다 더 어렵다고 한다. 하지만 좋은 관계를 만들면 이승에서 천국을 경험할 수 있다. 반대로 부부관계가 나쁘면 사는 것 자체가 지옥이다.

당신의 가정은 어떠한가? 당신은 천국에 있는가, 지옥을 경험하고 있는가?

아내를 대하는 아주 현명한 자세

사주팔자 때문에 이혼했다는 사람을 만났다. 무슨 말이냐고 묻자 이렇게 답했다.

“아내 사주는 흙이고 제 사주는 물이거든요. 우리가 만나면 진흙탕이 될 수밖에 없답니다.”

웃자고 한 이야기다. 당신의 부부관계는 어떤 것 같은가? 좋은 남편과 아내로 살고 있는 것 같은가?

남자에게 아내의 존재는 나이에 따라 다른 의미로 다가온다. 이를 재치 있게 표현한 말이 있다.

20대의 아내는 애완동물처럼 귀엽다. 늘 같이 있어도 좋다. 30대의 아내는 기호식품이다. 있으면 좋지만 필수품은 아니다. 40대의 아내는 꼭 필요한 가재도구 같다. 없으면 사는 게 불편하다. 50대의 아내는 가보와 같고, 60대의 아내는 지방문화재, 70대의 아내는 국보급 위치에 오른다.

나이가 들수록 아내가 얼마나 소중한 존재인지를 이보다 극명하게 나타내는 말도 없을 듯싶다.

그렇다면 역으로 아내에게 남편의 존재란 어떤 걸까? 남편이 아내를 필요로 하는 만큼 아내도 남편을 필요로 할까? 만약 나이가 들어서도 아내가 남편을 꼭 필요로 한다면 그 남자의 인생은 성공이다.

남들은 자유를 사랑한다지마는 나는 복종을 좋아하여요.
자유를 모르는 것은 아니지만 당신에게는 복종만 하고 싶어요.
복종하고 싶은데 복종하는 것은 아름다운 자유보다도 달콤합니다.
그것이 나의 행복입니다.
그러나 당신이 나더러 다른 사람을 복종하라면
그것만은 복종할 수가 없습니다.
다른 사람을 복종하려면 당신에게 복종할 수 없는 까닭입니다.

내가 좋아하는 한용운의 '복종'이란 시다. 뭔가를 좋아한다는 것은 자신도 그렇게 생각하기 때문이다. 내가 이 시를 좋아하는 이유는 시인이 말하는 '당신'이라는 글자에 '아내'를 대입하면 내 생각에 그대로 적용되기 때문이다. 나는 자유로운 독거노인보다 아내에게 잔소리를 듣는 남편으로 남고 싶다. 아내의 말을 거역하다 찬밥 신세가 되는 남자보다는 복종하면서 사랑받는 남자가 되고 싶다. 아내의 잔소리와 요구는 내게 사랑의 고백이나 다름없다.

가정에서 내 처신술의 핵심은 '의견이 없는 것'이다. 매사에 주장을 하는 대신 아내의 말을 듣고 따르는 것이다. 이러한 처신술로 살아온 지 10년이 다 되어가는데 꽤 괜찮은 방편인 것 같다. 우선 매사가 편하다. 마찰이 없다. 별다른 노력도 필요 없다. 그저 아내가 하자는 대로 하면 된다. 근데 내가 이런 말을 했다는 사실이 아내의 귀에는 들어가지 않았으면 좋겠다.

바다 건너에 사는 일본의 소설가 무라카미 하루키도 비슷한 전략을 쓰고 있는 것 같다.《샐러드를 좋아하는 사자》라는 책에서 그가 한 말이다.

"여성은 화내고 싶은 것이 있어서 화내는 것이 아니라 화내고 싶을 때가 있어 화내는 것이다."

"신혼 초에는 무슨 일이 일어났는지 전혀 이해하지 못했지만, 횟수를 거듭하는 동안 대충 그 구조를 알게 되었다. 상대가 화를 내면 방어는 단단히 하되 얌전히 샌드백이 되는 수밖에 없다. 자연재해에 정면으로 맞서봐야 어차피 이길 승산이 없기 때문이다. 현명한 뱃사공처럼 그저 목을 움츠리고 뭔가 다른 생각을 하며 무지막지한 태풍이 지나가기를 기다린다."

참으로 현명한 사람이다. 당신은 아내를 어떻게 대하고 있는가?

손가락 끝의 행복

지방에 사시는 매형은 의사다. 평생을 바쁘게 살았다. 얼마나 바쁜지 처가가 있는 서울에 다녀간 적조차 거의 없을 정도였다. 그러다가 조카의 사정으로 누님이 서울에서 몇 달을 머물게 되었는데, 매형이 2주일에 한 번 꼴로 서울에 왔다. 누님이, 아내가 있기 때문이다.

남자에게는 아내가 있는 곳이 집이다. 그런 면에서 나이 들어 상처한 남자가 세상에서 제일 불쌍한 법이다. 그런데 현실은 어떤가? 무늬만 가정인 집이 많다. 방도 따로 쓰고, 말도 섞지 않고, 서로의 생활에 간섭하지 않고 각각 사는 집도 꽤 있다. 아내를 가구 보듯 하는 남자도 있다. 우린 서로 포기한 지 오래라는 말도 쉽게 한다. 그들은 가정이라는 외형이 유지되고 있는 것에 안도할 뿐이다. 하지만 그렇게 사는 것은 사는 게 아니다. 드러나지만 않을 뿐 고통의 연속이다. '밉지만 만날 수밖에 없는 고통(怨憎會苦)'은 불교에서 말하는 가장 큰 고통 중 하나다. 배우자를 미워한다면 그곳이 바로 지옥이다.

바깥일을 집에서는 절대 얘기하지 않는 것을 금과옥조로 삼고 사는 남자들이 있다. 그들의 아내는 과연 무슨 생각을 하고 있을까? 아마 자신을 액세서리처럼 생각할 것이다. 그런 아내가 행복할까?

내가 아는 성공한 사람들은 아내의 의견을 존중한다. 중요한 의사결정을 하기 전에 아내의 말을 들어본다. 아내와 대화를 나누고 조언을 얻어 결정을 내린다. 그러는 과정에서 부부애가 깊어지고 넓어진다. 내 아내가 자주 쓰는 말이 있다. '마누라 말을 잘 들으면 자다가도 떡이 생긴다'는 것이다. 실제로 마누라 말을 듣고 떡이 생긴 적이 있다.

당신은 성공이 무엇이라고 생각하는가? 내가 생각하는 성공은 가정에서 성공하는 것이다. 배우자와 자식들로부터 사랑과 존경을 듬뿍 받는 것이다. 이것만큼 가치 있고 행복한 일도 없다. 세상 그 무엇과도 교환할 수 없는 것이 사랑이다.

내 주변에는 사회적으로 유명하고 잘나간다는 소리를 듣지만 가정은 시베리아 벌판 같은 사람들이 있다. 가족한테 거의 외면을 당하고 사는 사람도 있다. 그러다 보니 더 가정에 맘을 못 붙이고 밖으로 나돌아다니는 것 같다. 가정에서 성공한 사람이 행복한 사람이다.

가정에서 성공하려면 무엇보다 배우자와의 관계가 좋아야 한다. 부부의 사랑으로부터 가정에서의 성공이 시작된다. 자녀를 위한 최고의 선물 역시 부부가 서로 사랑하는 것이다. 부부의 불화는 그 자체로 자식들에게 엄청난 고통이다. 아무리 좋은 음식과 옷이 있어도 늘 마음이 불안하기 때문이다. 그러면 집에 들어가기가 싫어져 자꾸 밖으로 돌게 된다. 반대로 부부가 서로 사랑하면 아이들은 그 어디에서도 찾을 수 없는 마음의 평화와 행복을 느끼게 된다.

기러기아빠들도 그렇다. 나는 그들을 만나자마자 첫눈에 알아본다. 어딘가 어둡고, 피곤하고, 에너지 레벨이 낮아 보인다. 냉소적인 사람들도 제법 있다. 당연한 일이다. 아내와 가정은 남편에게 에너지를 불어넣는 충전기와도 같다. 아내와 사이가 안 좋거나 오래 떨어져 지내는 남자들은 방전 상태나 다름없다. 활기차게 지내기가 쉽지 않다.

기러기아빠들을 볼 때마다 안쓰러운 생각이 든다. 물론 나름의 사정이 있겠지만 도대체 무슨 부귀영화를 누리겠다고 부부가 생이별을 한 채로 저렇게 지내는 걸까? 애들 교육이 부부의 삶보다 더 중요할까? 그래서 돌아오는 대가가 과연 무엇일까? 저러다가 자녀교육마저 실패하면 그 허탈감을 어디서 보상받을 수 있을까? 별의별 생각이 다 든다.

가정에서 성공하려면 자녀와의 관계도 좋아야 한다. 인터넷에 떠다니는 어느 초등학생의 글을 보고 충격을 받았다.

"엄마가 있어 좋다. 나를 이뻐해주셔서. 냉장고가 있어 좋다. 나에게 먹을 것을 주어서. 강아지가 있어 좋다. 나랑 놀아주어서. 근데 아빠는 왜 있는지 모르겠다."

당신은 어떤 아버지인가?

전에 MBC 예능프로그램 〈무릎팍도사〉에 출연한 백지영에게 누군가가 비디오스캔들을 어떻게 극복했느냐고 물은 적이 있다. 대답은 간단했다.

"아버지께 감사드려요."

이유가 있었다. 백지영의 아버지는 오랫동안 공무원 생활을 해왔다. 그러다가 딸의 비디오스캔들이 터지면서 평생 직장에 사표를 제출하게 되었다. 그녀는 아버지한테 크게 혼날 각오를 하고 고개를 떨군 채 일주일 만에 집으로 들어갔다. 힘없이 들어오는 딸을 본 아버지가 딸을 꼭 끌어안으며 이렇게 말했다.

"지영아, 힘들었지? 지영아, 많이 힘들었지?"

그 말에 그녀는 아버지 앞에서 무릎을 꿇고 목 놓아 울었다. 그리고 결심했다. '아버지를 실망시키지 말자. 다시 일어서자'고. 그 후 백지영은 이를 악물고 노력하여 재기에 성공했다.

자녀와의 좋은 관계는 하루아침에 만들어지지 않는다. 시간이 오래 걸린다. 어릴 때는 아이가 부모와 놀고 싶어 애를 쓰지만 바쁘고 힘든 부모는 아이의 요구를 들어주지 못한다. 세월이 흐르면 상황이 뒤바뀌어 한가해진 부모가 자녀와 시간을 보내려고 눈치를 살핀다. 왜 부모를 보러 안 오느냐며 따지기도 하고 섭섭해하기도 한다. 하지만 이번에는 자녀가 바빠서 시간이 없다. 아이와 놀아주는 것도 다 때가 있다. 바쁘다는 이유로 지금 당신이 놀아주지 않으면 나중에는 아이가 당신과 놀아주지 않을 것이다. 그 뻔한 이치를 우리는 너무도 자주 잊고 산다.

좋은 부모가 되려면 훈련이 필요하다. 아이를 낳는 것은 어렵지 않을 수 있지만, 좋은 부모가 되는 것은 평생의 시간이 걸릴 수도 있다. 피아노를 산다고 모두가 피아니스트가 되는 것은 아니다. 아이를 낳는다고 다 부모가 되는 것도 아니다. 그런데도 우리는 정말 별 준비 없이 부모가 되어버린다. 좋은 부모가 되고 싶다면 스스로에게 질문을 던져보는 것이 좋다. 어릴 때 내가 싫어했던 부모의 행동을 내가 반복하고 있는 것은 아닌가? 그때 나는 어떤 부모를 원했었던가? 지금 나는 그런 부모로 살고 있는가?

지금 자신이 부모 노릇을 제대로 하고 있는지를 알아보려면 자녀에게 다음의 질문을 던져보면 된다.

"지영아, 너는 다시 태어나도 아버지의 딸로 태어나고 싶니?"

만약 자녀의 입에서 "그럼요"란 답이 나온다면 당신은 좋은 부모라고 자부해도 될 것이다.

타협을 모르는 결단력으로 '철녀(鐵女)'라는 별명을 얻은 마거릿 대처 전 영국 총리는 슬하에 쌍둥이 남매를 두었다. 언젠가 딸이 방 두 칸짜리 집으로 이사를 하게 되었는데, 세상에서 가장 바쁜 어머니였던 대처는 딸이 이사할 집을 찾아가 손수 의자를 놓고 올라서서는 도배와 페인트칠을 도와주었다. 그리고 말했다.

"도배가 정치보다 더 어려웠다. 하지만 도배를 해서 얻은 손가락 끝의 행복은 정치로는 얻을 수 없는 것이었다."

러시아의 대문호 톨스토이는 《안나 카레니나》에서 이렇게 말했다.

"행복한 가정은 모두 모습이 비슷하고, 불행한 가정은 모두 제각각의 불행을 안고 있다."

아마도 톨스토이 자신이 불행한 가정생활을 했기 때문에 이런 말을 했을 것이다.

내가 생각하는 행복한 가정의 모습은 이런 것이다. 우선 가족들 모두가 집에 있는 것을 좋아한다. 같이 있을 때 자주 웃고, 농담하고, 재미있어 한다. 긴장을 풀 수 있을 만큼 분위기가 온정적이고, 서로에게 너그럽다. 어려움도 기꺼이 함께한다. 서로를 바꾸려고 노력하기보다 지금 그대로의 모습을 인정한다. 위아래를 엄격하게 따지지 않고 친구처럼 편안하게 대한다. 서로를 좋아하며 서로에 대한 믿음이 있다.

세상의 모든 성공은 가정으로 귀결된다. 그 어떤 성공도 가정에서의 실패를 보상하지는 못한다. 가정에서 성공하라. 그게 진정한 성공이다.

7

관계는 어떻게 행복에 이르는가

내가 생각하는 행복은 내가 사랑하는 사람이 나를 사랑하는 것이다.

가는 사랑이 오는 사랑을 만났을 때 가장 행복하다.

인생에서 가장 행복한 순간

내가 좋아하는 사람이 있다. 나와 비슷한 일을 하고 늘 사람들에게 최선을 다하는 성실한 사람이다. 근데 이 사람에게 한 가지 아킬레스건이 있다. 바로 처갓집이다. 처갓집 얘기만 나오면 표정이 굳어진다. 아예 관련 얘기를 꺼내기조차 싫어한다. 자초지종은 이렇다.

촌구석 출신이지만 공부를 잘해서 일찌감치 학교 선생님으로 사회생활을 시작했고 거기서 사랑하는 여자를 만났다. 여자는 도시 출신이고 집안도 제법 부유한 편이었다. 결혼을 결심하고 여자 집에 인사를 가면서 문제가 생겼다. 여자 부모가 사윗감을 맘에 들어 하지 않았던 것이다. 외모, 집안, 직업 무엇 하나 변변치 않아 보였다. 초등학교 선생에게는 절대 딸을 줄 수 없다며 결혼을 반대했다. 할 수 없이 그는 직업을 은행원으로 바꾸었다. 쉽지 않은 일이었지만 사랑하는 여자를 위해 기어코 해냈던 것이다. 그런데도 여자 집에서는 온갖 이유를 들어 그를 모욕했다. 대놓고 무시했고 문전박대까지 했다. 심지어 오물을 뒤집어씌운 적도 있었다. 부모만 반대한 것이 아니었다. 손위 처남들까지 가세해 온갖 행태로 그를 괴롭혔다. 그래도 우여곡절 끝에 여자와 결혼을 했다.

문제는 그때부터 시작되었다. 마음이 여린 그는 씻을 수 없는 상처를 입었고 숱한 모욕감을 잊을 수가 없었다. 처갓집 생각만 하면 몸을 부르르 떨었다. 처갓집과 발을 끊었고 어떤 행사가 있어도 일절 참여하지 않았다. 자신은 물론 자식들도 가지 못하게 했다. 당연히 아내는 남편 몰래 친정을 다녀야 했고, 다녀와서도 친정 이야기는 입도 뻥긋할 수 없었다. 남편이 예민해지기 때문이다.

세월이 오래 흘렀지만 그와 처가 식구들의 관계는 전혀 나아지지 않았다. 얼마 전 자식이 결혼했는데, 그날도 처갓집 사람들은 그림자처럼 왔다가 그림자처럼 갔다고 한다. 아마도 죽는 날까지 그들의 관계는 개선되지 않을 것 같다.

나는 이 사람을 볼 때마다 마음이 아프다. 여린 사람이 얼마나 상처를 많이 받았으면 그렇게 할까? 오랜 세월 미움을 품고 살았으니 그 삶이 얼마나 힘들었을까? 가장 큰 희생자는 자기 자신과 아내다. 부부로 살지만 얼마나 피곤할까? 자식들도 피해자다. 가장 가까운 외갓집도 눈치를 보고 가야 하고 얘기도 못하니 딱하기 그지없다. 처갓집 사람들은 가해자이자 피해자다. 앞으로의 일을 생각하지 않고 자기들의 기준에 맞지 않는다고 사람을 무시했다가 된통 당하고 있는 것이다.

당신은 언제 가장 행복한가? 가장 힘든 때는 언제인가? 누구 덕분에 행복하고, 누구 때문에 불행한가?

내가 생각하는 행복은 내가 사랑하는 사람이 나를 사랑하는 것이다. 가는 사랑이 오는 사랑을 만났을 때 가장 행복하다. 부부관계의 행복이 바로 그렇다. 나와 가까운 사람이 나를 좋아할 때도 행복하다. 부모와 자식이 그렇다. 가정의 행복은 가족관계에 달려 있다. 결혼으로 맺어진 인연도 다르지 않다. 관계가 좋아야 서로 행복하다. 반대로 가장 힘들고 불행한 경우는 내가 사랑하는 사람이 나를 사랑하지 않을 때다. 혼자 하는 사랑은 고독한 고통이다. 사랑해서 결혼했는데 더 이상 나를 사랑하지 않는다는 사실을 알았을 때의 고통은 이루 말할 수가 없다. 받아들여지지 않은 사랑의 고통에 비할 바가 아니다.

그런 의미에서 사는 동안 가장 중요한 결정은 결혼이다. 결혼은 사랑하는 사람과 공식적으로 관계를 맺는 사건이기 때문이다. 배우자 한 사람이 아니라 그와 관계된 사람들 모두를 아우르는 관계이기에 더욱 중요하다.

나는 미혼 시절 대전에서 직장생활을 했고 결혼 후에도 1년간 같은 도시에서 처가살이를 했다. 그때 받은 사랑을 결코 잊을 수 없다. 결혼 전에 집에서 받은 많은 사랑을 결혼 후에도 장인 장모로부터 계속해서 받게 되었다. 행운이 아닐 수 없었다. 그런데 부모님의 사랑과는 조금 성격이 달랐다.

처음에는 의도된 사랑이라는 생각이 들었다. 당신의 딸을 맡겼으니 잘 부탁한다는 느낌이 있었다. 그런데 시간이 지나면서 그 사랑이 두터워지는 걸 느꼈다. 진심에서 우러나오는 깊은 사랑이 전해졌다. 지금도 나는 돌아가신 장인어른의 사랑을 잊을 수 없다. 결혼 후에 장인과 둘이 유성으로 사우나를 자주 갔었고 일주일에 한 번은 꼭 외식을 했다. 어찌나 아는 사람이 많은지 한번 나갔다 하면 보통 대여섯 명과 인사를 나누었고, 그때마다 나를 소개하시면서 자랑스러워하셨다. 별로 해드린 일도 없는데 늘 힘들어서 어쩌냐며 격려의 말씀을 해주시고, 부족한 딸과 살아주어 고맙다는 말씀을 자주 하셨다. 그런 말을 들을 때마다 몸 둘 바를 몰랐지만 내심 기쁘고 흐뭇했다. 뭔가 순서가 바뀐 것 같다는 생각도 들었다. 힘들지 않은데 힘들어서 어쩌냐는 말씀도 그랬고, 나랑 살아주는 당신 딸이 더 고맙지 내가 뭐 그리 고마울까 의아하기도 했다. 돌아보면 내가 이렇게 사람 구실을 하며 살게 된 것이 모두 장인어른 덕분인 것 같다.

장인어른은 매일 새벽 산책을 하고, 밤에는 아내를 위해 본인이 직접 연탄불을 갈고, 가족은 물론 주변 사람들을 위해 수고를 아끼지 않으셨다. 그분의 온정은 사람들의 존경으로 되돌아왔고, 나는 그분의 모습을 보면서 신선한 충격을 받았다. 나도 저렇게 살고 싶다는 생각을 했다. 무엇보다 그분의 지극한 사랑을 받으며 나 자신이 마음이 따듯한 사람으로 변해가는 걸 실감했다. 돌아가신 지 10년이 넘었지만 그분을 생각하면 지금도 가슴이 뭉클하고 그립다.

사람은 무엇으로 사는가? 사랑받은 기억으로 산다. 인생에서 가장 소중한 것은 사랑이고, 그 사랑은 언제나 사람과 사람의 관계에서 온다.

나는 죽을 때 내가 받았던 사랑을 떠올리게 될 것 같다. 그전에 바람이 있다면 살아생전 내가 장인어른으로부터 받은 사랑을 두 딸과 사위에게 되돌려주는 것이다. 내가 그동안 느꼈던 깊은 사랑과 충만한 감사를 그들도 느끼게 하고 싶다. 그러면 그들도 자신들이 받은 사랑을 또다시 자손들에게 전하게 될 것이다.

사람은 사랑 없이 살 수 없는 존재다.

기쁨의 천사

큰딸이 아들을 낳았다. 이름이 주원인데, 얼마나 예쁜지 모른다. 나는 주원이를 천사라고 부른다.

일주일 동안 주원이가 우리 집에 머물다가 갔다. 손자가 오는 건 무엇보다 반갑지만, 사실 그 때문에 할아버지인 내가 잃는 것도 적지 않다. 우선 내게 소중한 아침시간이 희생된다.

아침은 하루 중에서 내가 가장 중요시하는 나만의 시간이다. 가장 사랑하는 시간이다. 나는 새벽 4시쯤 일어나 앙드레 가뇽(캐나다 작곡가, 피아니스트)의 음악을 틀어놓고 따뜻한 차를 마신다. 그렇게 좋을 수가 없다. 이어서 명상을 하고, 일기를 쓰고, 오늘의 할 일을 계획한다. 나의 본업인 글도 쓴다.

근데 그 귀중한 시간에 침입자가 나타나는 것이다. 바로 주원이다. 아내가 주원이를 안고 내 방으로 들어온다. 아직 6시도 되지 않았는데 방긋 웃으며 나타난다. 벌써 잠에서 깨어 뭐라고 반갑게 인사를 하는데 알아들을 수는 없지만, 나는 모든 걸 포기하고 주원이와 놀아준다. 그뿐이 아니다. 기저귀도 갈아주고, 이유식도 먹여준다. 지루해하면 유모차에 주원이를 태우고 동네를 한 바퀴 돈다. 졸린 것 같으면 잠도 재워주는데, 가끔은 내 가슴 위에서 자기도 한다. 어쩌다 애를 재우는 중에 내가 먼저 자는 경우도 있다. 짧은 시간이지만 주원이와 내가 함께 자는 모습은 평화로움의 극치다.

주원이가 오면 외식도 희생해야 한다. 그렇게 좋아하는 외식을 제대로 즐길 수 없으니 불편하다. 설사 나간다고 해도 주원이가 잘 시간을 감안해야 하고 장소에도 제한이 많다. 연기 때문에 삼겹살 집엔 갈 수 없고, 주차장이 없는 곳도 안 되고, 쾌적하지 않은 곳은 피해야 한다. 그러다 보니 웬만하면 집에서 먹게 된다. 자연 내 자유시간도 줄어든다. 오전에 일을 하고 오후엔 소파에 앉아 골프방송을 시청하거나 영화를 보는 게 큰 낙인데, 그걸 못하는 것이다. 주원이 엄마가 아예 텔레비전을 켜지 못하게 하기 때문이다. 나로선 답답하지만 손자를 위한 일이니 참아야 한다.

주원이가 오면 정결하던 집 안도 엉망이 된다. 곳곳이 주원이 물건들로 넘치고, 가지런히 있던 것들도 얼마 안 가 주원이의 손에 흐트러진다. 한시도 눈을 뗄 수가 없다. 혼자서 잘 노는 편이지만 늘 지켜보고 있지 않으면 안 된다. 자칫 사고가 날 수 있기 때문이다.

주원이랑 있는 시간은 결코 쉽지 않다. 쉬어도 쉬는 게 아니다. 모든 걸 주원이의 리듬에 맞춰야 하기 때문이다. 졸려도 졸 수 없고, 항시 긴장 모드로 있어야 한다. 한 사람을 위한 다른 한 사람의 희생이다.

그래도 주원이는 너무 예쁘다. 기쁨을 전파하는 천사다. 주원이를 데리고 길에 나가면 쳐다보는 사람들이 자동으로 웃는다. 덤덤하던 얼굴이 금세 환해진다. 무뚝뚝하던 아저씨도 입꼬리가 올라가면서 까꿍을 한다. 한번은 야쿠르트 아주머니에게 뭔가를 사려고 말을 건넸다가 다짜고짜 주원이를 안는 바람에 놀라기도 했다. 평소 인상이 좀 센 편인데 애를 안아보고는 완전히 인자한 사람의 표정으로 바뀌었다. 눈을 잘 맞추는 주원이는 사람을 빤히 쳐다보는데, 그걸 눈치 챈 사람들이 자기도 모르게 미소를 짓게 되는 것이다. 내가 자주 가는 빵집 아주머니는 특히 더 주원이를 예뻐한다. 늘 애를 보자마자 품에 안으며 살갑게 말을 건넨다. 얼굴에 밝은 전구가 켜지는 것 같다. 나는 은근히 그런 시간을 즐긴다.

나의 온 신경을 앗아간 주원이가 일주일 만에 딸의 집으로 돌아갔다. 갑자기 고요와 적막이 몰려왔다. 쓰나미가 지나간 느낌. 창을 열고, 이불을 개고, 물건들을 정리하고, 오랜만에 조용히 앉아본다. 편안하고 좋다. 주원이랑 노는 것도 좋지만 주원이가 떠난 후의 한가한 시간도 참 좋다. 내가 좋아하는 나만의 시간을 즐길 수 있어서다.

이틀이 지났다. 또 보고 싶다. 아내와 주원이 얘기를 한다. 주원이는 지금 뭘 하고 있을까? 왜 나 같은 사람한테 그런 감정이 생길까? 생전 누군가를 그리워해본 적이 없었던 난데, 혼자 사시는 어머니께 안부 전화도 잘 하지 않는 난데, 친구들한테도 거의 연락하지 않는 내가 도대체 왜 이럴까?

여러 이유가 있겠지만 그만큼 주원이를 사랑하기 때문일 것이다. 주원이는 생김새가 예쁘기도 하지만 참으로 사랑스럽다. 나를 보면 반색을 하며 진심으로 반가워한다. 그렇게 나를 반기는 사람이 세상에 또 있을까 싶다. 한결같이 타잔 소리를 내며 손을 쭉 뻗어 뭐라고 종알거린다. 나는 이렇게 해석한다.

"할아버지, 보고 싶었어요. 저를 안아주실 거죠? 할아버지도 제가 보고 싶었지요?"

그래서 더 주원이가 생각나는 것 같다.

내가 생각하는 좋은 관계의 절정은 바로 사랑하는 손자와의 관계다. 정말 순수하고 고귀하다. 사랑으로 가득하다. 안 보면 보고 싶고, 만나면 반가워 뽀뽀를 하고, 품에 안는다. 그 순간 나는 기쁨의 절정에 오른다. 가슴 깊은 곳에서 환희의 노래가 들리는 것 같다.

오늘이 화요일인데 벌써 금요일이 기다려진다.

세상에서 제일 좋은 사람

얼마 전, 〈언터처블, 1%의 우정〉이란 프랑스 영화를 감명 깊게 봤다. 프랑스에서 최고로 부자인 필립과 지지리 가난한 세네갈 출신의 드리스 사이의 우정을 그린 영화로, 실화를 바탕으로 만들어졌다.

필립은 까다로운 성격인데 패러글라이딩을 즐기다가 사고를 당해 하반신 마비가 된다. 누군가의 도움 없이는 조금도 움직일 수 없다. 드리스는 가난하지만 누군가에게 얽매이는 걸 극도로 싫어하는 자유로운 영혼의 소유자다. 배운 것도 가진 것도 별로 없지만 가식과는 거리가 멀다. 모든 걸 있는 그대로 받아들이는 사람이다. 당연히 장애인인 필립도 아무런 편견 없이 정상인처럼 대한다.

두 사람은 함께 스포츠카를 타고 전속력으로 달리다가 교통경찰에게 걸리고 마는데, 필립은 입에 거품까지 물면서 위급한 것처럼 쇼를 해서 단속을 빠져나온다. 키득거리며 웃는 둘의 모습이 천진난만하기 그지없다. 그뿐이 아니다. 드리스는 환자인 필립에게 담배를 권하기도 하고, 주변의 반대를 무릅쓰고 여행도 떠나고, 펜팔로만 사귀던 여자에게 연락해서 둘의 만남을 주선하기도 한다. 한마디로 하지 말라거나 해서는 좋지 않은 것을 다 권하는 못 말리는 캐릭터다. 그래서 제목이 '언터처블(untouchable)'인 것 같다.

이 영화의 압권은 필립의 집에서 주기적으로 열리는 클래식 음악회다. 당연히 드리스에게는 너무도 지루한 시간이다. 도대체 이렇게 재미없는 음악을 왜 앉아서 듣고 있어야 하는지 도무지 이해할 수 없다. 음악회가 끝난 후 드리스가 색다른 제안을 한다.

"힘들게 지루한 음악을 들었으니 이제는 내가 좋아하는 음악을 들을 시간이다."

그러고는 경쾌한 댄스 음악을 크게 틀어놓고 그에 맞춰 신나게 춤을 춘다. 정말로 멋진 장면이다. 그렇게 춤을 잘 추는 사람을 본 적이 없다. 못생긴 그가 갑자기 멋있게 보였다. 멋지게 춤을 추자 다른 사람들도 덩달아 춤을 추기 시작하면서 엄숙한 음악회는 금세 완전히 다른 발랄한 댄스 파티장으로 변한다.

까다롭고 까칠한 필립에게 주된 업무 중의 하나는 간병인 면접 보는 일이었다. 자기 맘에 드는 간병인이 없었던 까닭이다. 드리스도 처음부터 마음에 들었던 건 아니다. 우여곡절이 많았다. 당황했던 필립이 이런저런 일을 겪으며 드리스와 친해지게 되는데, 사실 쉽지 않은 일이었다. 현실적이지 않은 둘의 관계가 진한 우정으로 발전한 이유는 무엇일까?

필립은 이렇게 설명한다.

"그는 내게 새로운 의지와 진정한 자유를 주는 존재다. 나를 장애인으로 대하지 않았고 온전한 인간으로 대했다. 담배를 피우게 하고, 귀를 만져 성적 욕구를 느끼게 하고, 펜팔로만 연애하던 여자를 직접 만나게 했다. 무엇보다 그는 나를 있는 그대로 차별 없이 대했다."

나는 큰 깨달음을 얻었다. 인간관계의 핵심을 깨달은 것이다. **'상대를 있는 그대로 대하는 것.' 있는 그대로의 상대를 받아들이고 인정하는 것이 모든 관계의 요체다. 편안하고 자유로운 이 상태가 우리의 관계를 최상으로 만들어준다.**

당신은 어떤가? 상대를 있는 그대로 인정하고 받아들이는가? 상사와 부하를, 배우자와 자녀를, 친구들을 그 모습 그대로 대하는가? 현재의 상태로 존중하는가?

내가 아는 한 대부분의 사람들은 그렇지 않다. 있는 그대로가 아니라 자기 눈에 보이는 대로, 자기가 보고 싶은 대로 상대를 본다. 그가 원하는 게 아니라 내가 원하는 대로 그를 조종하려고 든다. 자기 잣대로 상대를 판단하고 비난하고 고치려고 애쓴다.

사람을 있는 그대로 대하기란 결코 쉽지 않다. 아무나 할 수 있는 일이 아니다. 내 욕심이 개입하고 사심이 들어가기 때문이다. 그래서 '다름'을 인정할 줄 아는 마음가짐이 중요하다.

이 글을 쓰면서 나는 새로운 목표 하나가 생겼다. 가능한 한 '사람을 있는 그대로 보자'는 것이다. 이를 달성했다는 걸 어떻게 증명할 수 있을까? 상대의 입에서 "당신은 저를 있는 그대로 보는 것 같아요. 그래서 참 편안하고 좋아요"라는 말이 나오면 된다.

행복을 만드는 관계의 보약

아내가 "여보, 나 몸이 좋지 않아"라고 말할 때 당신은 어떻게 반응하는가? 최악은 "맨날 아프다는 소리야. 도대체 자기관리를 어떻게 하는 거야?"라고 답하는 것이다. 이런 사람은 독거노인이 되거나 황혼이혼을 당할 가능성이 높다. 다음은 "약국에 가서 약 사 먹어"다. 50점쯤 되는 답이다. 별 도움이 되지 않는다. 최선은 이마를 만지면서 "얼마나 아픈 거야? 내가 약 사 올게. 조금만 기다려"라며 공감을 표하고 도움이 되는 행동을 보이는 것이다. 약을 사 올 뿐 아니라 식사까지 준비하며 자신을 돌보듯 배우자를 대한다면 더할 나위가 없다.

이 가운데 당신은 어디에 해당하는가? 사람은 힘이 들어도 힘든 얘기를 주고받을 수 있는 상대가 있으면 그럭저럭 살 만하다. 얘기를 나누다 보면 힘이 생긴다. 그래서 인생의 동반자가 필요한 것이다. 동반자가 없는 사람은 행복하기 어렵고 어려움을 견뎌내기도 쉽지 않다..

그런데 힘든 얘기를 들어주는 일은 보통 일이 아니다. 만날 때마다 힘든 얘기를 들어야 한다면 만남이 고통이다. 그럼에도 힘든 얘기를 잘 들어주는 사람이 있다. 성숙한 사람이다. 고통을 참고 상대의 이야기를 받아준다는 것은 인간관계에서 가장 가치 있는 일이다.

힘든 얘기를 했을 때 얘기의 방향을 자기 쪽으로 돌리는 사람이 있다. 상대가 힘든 얘기를 하자마자 기다렸다는 듯 "그건 힘든 것도 아니야. 나는 더 한 일도 겪었어"라면서 자기가 힘들었던 얘기를 주섬주섬 꺼내는 사람이다. 남의 고통을 빌미로 자신의 힘든 얘기를 털어놓는다. 상대는 위로를 받으려고 힘든 얘기를 어렵게 꺼냈는데, 거꾸로 그를 위로하는 처지가 되고 만다. 되로 주고 말로 받는 상황이다. 마치 '누가누가 더 힘들었나?'를 겨루기 위해 나온 사람 같다.

힘든 얘기를 꺼낸 사람 앞에서 자기가 더 힘들었다고 말하는 건 상대를 모욕하는 일이다. 힘든 상대를 더 힘들게 하는 행동이다. 이런 사람은 다시는 만나고 싶지 않게 된다. 근데 이런 사람이 의외로 많다.

대인관계를 건강하고 행복하게 만드는 대화의 첫걸음은 잘 듣는 것이다. 잘 듣는다는 것은 그 사람의 말에 집중하는 것이다. 그가 한 말을 반복해서 되받아주고, 그의 심경을 대신 표현해주고, 그의 눈을 바라보며 그에게 집중하는 것이다. 때로는 질문하고 때로는 공감을 표하며 온몸으로 그 사람의 말을 들어야 한다.

힘들어하는 사람에게 진정으로 공감하고 위로하는 것만큼 힘이 되는 것이 없다. 늘 불안하고 억울한 마음을 갖고 있는 사람에게 최고의 보약이다. 반대로 대인관계를 고통스럽게 만드는 최고의 방법은 상대의 아픈 데를 정확하게 지적해주고 충고와 조언을 아끼지 않는 것이다. 이렇게 하면 틀림없이 그 사람과의 관계를 망칠 수 있다. 힘겹게 살고 있는 친구에게 "너는 왜 사는 꼬락서니가 그 모양이냐? 왜 그렇게 구질구질하게 살아?"라고 말해보라. 단번에 그 친구는 나의 적이 될 것이다. '나는 왜 사는 게 이 모양일까? 뭐가 잘못된 걸까? 정말 답답하고 억울하다'고 생각하는 사람에게 자신이 보고 생각한 대로 콕콕 찔러주듯 던지는 말은 아픈 상처에 소금을 뿌리는 것이나 마찬가지다. 적이 되거나 멀어질 수밖에 없다.

사람은 누구나 인정받고 싶어 한다. 위로받고 싶어 한다. 자신이 지금 마주하고 있는 사람에게서 그것을 확인하고 싶어 한다. 섣부른 충고나 조언을 해주는 대신 그 사람을 진정으로 이해하려는 마음, 공감하려는 반응이 우리의 인간관계를 건강하게 만들고 행복으로 이끈다.

가장 아름다운 인연

나는 최인호 작가를 좋아한다. 특히 〈샘터〉라는 잡지에 연재했던 '가족'이란 칼럼을 좋아해서 오랫동안 탐독했다. 그 덕분에 그의 가족사도 꿰차게 되었다. 아들 도단이, 딸 다혜, 부인 황 여사가 어떤 사람인지, 그가 다혜의 딸 정원이를 얼마나 좋아하는지, 큰누님이 죽었을 때 얼마나 슬퍼했는지도 알고 있다. 마치 그의 가족 얘기가 내 얘기 같아 그가 말하는 가족사에 덩달아 울고 웃고 했다. 그의 에세이 《인연》을 읽으면서도 많은 감동을 받았다.

오늘의 우리는 저절로 만들어진 존재가 아니다. 수많은 인연 덕분에, 만남 덕분에, 자연의 은덕 덕분에 만들어진 것이다. 대표는 어머니다.

최인호 작가는 어린 시절, 어머니가 화장을 하지 않아 부끄러웠고, 나이가 들어서는 늙은 어머니가 매일 화장을 하는 것이 부끄러웠다. 그러다가 문득 생각을 바꾸었다.

'어머니는 못난 자식을 키우기 위해 젊은 날의 아름다움을 헌납하셨다. 화장은 젊었을 때 하는 것이지만, 젊은 시절 화장을 할 수 없었던 어머니는 다 늙어서야 화장을 하기 시작했다. 이제 어머니도 여성으로 살아가려 했던 것이다.'

어느 정도 살게 된 다음에도 음식점에서 남은 음식을 싸 가는 어머니를 보면서 주책이라고 생각했던 작가는 또 생각을 달리한다.

'어머님 몸속엔 여전히 고생스러운 시절의 억척스러운 유전자가 흐르고 있을 것이다. 그렇지 않고서야 어떻게 그 고통스러운 세월을 수많은 자식들을 치마 품에 안고 견뎌낼 수 있었으랴. 그러므로 저 억척스럽고 남부끄러운 주책이야말로 세상에서 가장 아름다운 몸짓이다. 세상에서 가장 아름다운 모성이라는 주책인 것이다.'

우리는 수많은 사람들의 도움 덕분에 살아가고 있다. 작가는 어느 날 아무도 없는 밤길에서 차가 망가지는 바람에 난처한 지경이 된다. 그때 낯선 사람이 나타나 그를 도와준다. 그는 이런 생각을 한다.

'우리는 흔히 천사를 날개 달린 성스러운 모습으로 표현하고, 악마를 눈이 충혈되고 두 개의 뿔을 가진 흉측한 모습으로 표현한다. 그러나 실제 천사는 그런 모습으로 나타나지 않는다. 천사가 실제 날개를 가진 거룩한 모습으로 나타난다면 모든 사람이 그를 알아보고 그를 기꺼이 맞을 것이다.

모든 천사는 평범한 사람 모습으로 나타나고 모든 악마들도 평범한 모습으로 나타난다. 예수가 다시 태어난다면 아마 내 곁에 살고 있는 아저씨의 모습으로 태어날 것이며 부처도 마찬가지일 것이다. 천사들은 우리 주변에 있다. 바로 우리 이웃의 얼굴에, 함께 부대끼며 이 복잡한 속세 지옥을 견디며 살아가는 우리들 어깨 위에 천사는 언제든지 그 날개를 접고 쉬기 위해 기다리고 있는지 모른다. 조금 마음을 열어 주변을 돌아볼 수 있다면 모두 보이지 않는 날개를 지닌 천사가 될 것이다.'

천사는 어디에나 존재한다. 우리가 알아보지 못할 뿐이다. 그 낯선 주변의 천사들을 잘 찾아보아야 한다. 그러면 우리도 천사처럼 되어갈 수 있다.

형님 얘기도 가슴 뭉클하다. 변호사였던 그의 아버지가 일찍 돌아가시는 바람에 형은 가정교사로 일을 하면서 생활비를 벌어야 했다. 그러던 어느 날 길에서 동생을 만난 형은 제과점으로 데리고 가서 동생에게 빵을 사주며 이야기한다.

"우리는 너무나 가난해 우리가 믿을 수 있는 건 우리 자신의 노력밖에는 없다. 우리가 스스로 일어서지 않으면 아무도 우리를 일으켜주지 않을 것이다."

최 작가는 형이 해준 그 한마디가 인생을 지금까지 이끌어준 힘이었다고 고백한다. 소설을 쓰는 동생이 처음으로 '조선일보 신춘문예'에 당선되었을 때 형은 사람들이 지나다니는 길거리에서 혼자 만세를 불렀다고 한다. 사람들이 눈이 휘둥그래져 무슨 일이냐고 물으니 동생 사진이 실린 게시판을 가리키며 "같이 축하해달라"고 말했다. 아버지를 많이 닮은 형은 그에게 아버지 같은 존재였다.

죽은 누나 최재욱에 관한 이야기도 가슴 시리다. 작가의 어머니는 딸만 내리 다섯을 나은 다음 아들인 형을 낳았다. 당시로서 얼마나 귀한 아들인지 안 봐도 짐작할 수 있다. 누나는 어린 남동생을 달래려고 등에 업은 채 평양 시내로 바람을 쐬러 나갔다. 전찻길을 건너다가 동생이 꽃신 한 짝을 떨어뜨렸고, 누나는 그것을 다시 찾아오려고 동생을 내려놓은 채 선로에 뛰어들었다가 변을 당하고 말았다. 소중한 동생을 위해 자기 목숨을 버리고 만 것이다. 어쩌면 동화 속의 소녀와도 같은 누나 이야기를 읽으며 나도 목이 메었다.

압권은 손녀 정원에 대한 애틋한 심정을 묘사한 부분이다. 작가의 집에 있던 정원이가 딸의 집으로 돌아가고 나서 그의 마음에 깃든 쓸쓸함을 절절히 노래했다.

"요즘 우리 집은 적막강산이다. 완전히 침묵의 수도원인 것이다. 정원이가 갖고 놀던 장난감 공과 곰 인형 하나가 거실에 굴러다니고 있는데, 그것을 볼 때마다 정원이 모습이 눈에 밟힌다. '눈에 넣어도 아프지 않다'는 표현과 '눈에 밟힌다'는 옛 선조들의 표현이 이렇게 날카로울 수 없음을 새삼스럽게 느끼는 요즘이다.

아이들도 어른들과 마찬가지로 외로움을 느낀다고 나는 믿는다. 정원이도 잠에서 깨어날 때면 머리맡에 놓여 있는 내 사진을 들여다보면서 어딘가 있는 할아버지가 자신을 위해 하나님께 기도하고 있음을 분명히 깨닫게 될 것이다.

나는 새삼 적막함을 느끼는 나이가 되었다는 사실이 슬프지만 때로는 이 적막함을 받아들이는 자신을 겸허하게 바라보는 데 시간을 쓰고 있다는 사실 또한 소중히 여긴다."

할아버지의 애절한 사랑이 그대로 느껴진다. 그런 저자도 이미 세상을 떠났다. 지금쯤 정원이는 무슨 생각을 하고 있을까? 분명 할아버지를 끔찍하게 그리워할 것이다.

'회자정리(會者定離)'란 말이 있다. '만나면 반드시 헤어진다'는 뜻이다. 인생은 만남과 헤어짐의 연속이다. 어떻게 만나고 헤어지는가도 중요하지만, 보다 중요한 것은 상대에게 어떤 사람으로 기억되는가이다. 가족도 그렇고 직장 동료도 그렇다. 죽은 사람보다 비참한 존재는 잊힌 사람이고, 잊힌 사람보다 못한 존재는 나쁘게 기억되는 사람이다. 그런 면에서 살아 있는 동안의 인연을 소중히 여겨야 한다.

오랫동안 행복하게 장수한 사람들을 보면 분명한 공통분모가 있다. 바로 대인관계가 넓고 깊다는 것이다. 사람들과 오랫동안 친밀한 관계를 유지하는 것이 행복과 장수의 비결이다. 당연한 얘기다. 사람은 관계 덕분에 행복하고 관계 때문에 불행하다.

인생에서 인연보다 소중한 것이 없다. 좋은 인연이 행복한 인생을 만든다. 아름답게 가꿀 일이다.

이루고 싶은 관계의 소망

관계는 인생에 결정적 영향을 미친다. 성공도 실패도, 행복도 불행도 만나는 사람들에 의해 좌우되는 경우가 얼마나 많은가. 직접 만나든, 책을 통해 만나든 만남이 가져오는 변화는 실로 엄청나다. 만약 아무도 만나지 않는다면 지금이나 5년 후나 별반 다르지 않을 것이다. 아무리 돈이 많아도 인간관계가 원만하지 못하면 행복할 수 없다. 같이 어울릴 사람이 없는데 그 돈이 다 무슨 소용이겠는가.

나이가 들수록 관계의 소중함을 더 느끼게 된다. '주변 사람이 곧 나'라는 생각을 하게 된다. '내가 만나는 사람들이 나를 만든다'는 생각이다. 물론 그 역도 성립한다. 관계가 개인의 정체성을 말해준다. 자주 만나는 사람을 보면 그가 어떤 사람인지 알 수 있다. 친구가 바보이면 나도 바보다. 나만 바보이고 친구들은 똑똑하다는 건 말이 되지 않는다. 친구들이 괜찮으면 나 역시 괜찮을 가능성이 높다. 그런 면에서 '친구는 또 다른 나'다. 가족도 그렇다. 가족을 보면 그 사람이 어떤 사람인지 알 수 있다. 아내 얼굴을 보면 남편 얼굴을 상상할 수 있고, 아이 얼굴을 보면 부모 얼굴을 그릴 수 있다. 인간은 관계를 통해 서로에게 영향을 주고받기 때문이다.

나는 10년 전 만났던 사람들과 지금 만나고 있는 사람들이 많이 달라졌다. 계속 만나는 사람들도 있지만, 새로 알게 되어 만나는 사람이 훨씬 많다. 그만큼 내 인생도 변화를 겪었고, 여러 면에서 그때보다 좋아졌다.

당신은 주로 누구를 만나는가? 10년 전의 사람들과 현재의 사람들 사이에 차이가 있는가? 여전히 비슷비슷한 사람들과 별반 다르지 않은 관계를 맺고 있는가? 혹시 관계에 변화를 주고 싶은가?

모든 것이 그러하듯 인간관계에도 정답은 없다. 간혹 '이것이 정답'이라고 말하는 책이 있지만, 실제와는 다르다. 나는 이 책을 통해 살아오면서 경험하고 잊었던 인간관계에 대해 다시 생각하고 정리하는 시간을 갖고 싶었다. 만남이 직업인 내가 사람들과 교류하는 가운데 터득하여 간직한 나름의 인간관계 원칙을 공유하면서, 쉽지 않지만 풀어가야 할 관계를 위한 화두를 던지고 싶었다.

오랜 시간 교육과 강연, 컨설팅과 책을 통해 숱한 사람들을 만나온 나에게도 관계는 여전히 완성형이 아닌 진행형이다. 보람보다 아쉬움이 더 크고, 이루지 못한, 맺고 싶은 관계들이 있다.

먼저, 나 자신과 좋은 관계를 맺고 싶다. 인간관계의 출발점은 자신과의 관계이기 때문이다. 지금도 좋은 편이긴 하지만 그 관계를 계속 발전시키고 싶다.

둘째, 멀리 있는 사람보다는 가까운 사람과 좋은 관계를 맺고 싶다. 밖에서는 친절한데 가족한테는 엄격한 사람들이 있다. 회사에서는 말을 많이 하는데 집에 들어오면 거의 말을 하지 않는 사람들도 있다. 나는 가능한 한 안과 밖이 일치하는 사람이 되고 싶다. 그게 어려우면 가족이나 친구처럼 가까운 사람들에게 좋은 사람이 되고 싶다.

셋째, 주고받는 관계를 넘어 밑지는 관계로 나아가고 싶다. 일상에서 관계를 맺다 보면 나도 모르게 손해를 본다는 생각이 들 때가 있다. 알게 모르게 상대에 대해 섭섭한 감정을 가질 때가 있다. 그 단계를 나는 아직 벗어나지 못했다. 근데 앞으로는 기꺼이 밑지고 싶다. 밑지는 것이 결국 이익이라는 걸 증명하고 싶다.

넷째, 잘나가는 사람보다 어려운 사람에게 관심을 기울이고 싶다. 나는 명절 같은 때 경비원 아저씨, 일하러 오시는 아주머니, 헬스클럽 코치, 나이 드신 친척 등을 꼭 챙긴다. 작은 선물에도 진심으로 고마워하는 분들을 보면 오히려 내 마음이 따뜻해진다. 앞으로도 계속 그렇게 하고 싶다.

다섯째, 좋은 일보다 어려운 일이 생겼을 때 성의를 표하고 싶다. 대표적인 것이 결혼식과 장례식이다. 나는 결혼식은 축의금으로 대신하는 경우도 있지만, 장례식에는 최대한 참석하려고 한다. 좋은 일에는 나 한 사람 없어도 괜찮지만 슬픈 일에는 빠지고 싶지 않기 때문이다.

여섯째, 승진보다 퇴직한 사람에게 마음을 쓰고 싶다. 대기업에서 임원으로 승진하면 사무실 가득 축하의 난이 들어온다. 하도 많아서 직원들에게 분양을 하기도 한다. 퇴직한 경우는 조용하다 못해 쓸쓸하다. 본인에게도 직원들에게도 안타까운 일이다. 그에게 연락해서 식사라도 함께 하고 싶다.

일곱째, 손주들과 친구가 되고 싶다. 현재 두 돌 지난 손자가 있는데, 조만간 또 다른 손주가 태어날 예정이다. 손자는 내 삶에 기쁨을 주는 천사다. 60년 이상 나이 차가 있지만, 손주들과 친구처럼 지내고 싶다. 나이가 좋은 관계를 맺는 데 장애가 되지 않는다는 걸 보이고 싶다.

앞으로 살아가면서 이와 같은 바람을 이룰 수 있다면 나는 아마도 아쉬움 없는 인생을 살았다고, 진정 축복의 삶이었다고 자부할 수 있을 것이다. 이 책을 읽으며 끝까지 동행해준 당신에게 감사의 마음을 전하며, 우리의 만남이 좋은 사람과 더 좋은 관계의 열매로 맺어지기를 기원한다.